심천사혈로 질병 없이
100세까지 가보자!

심천사혈로 질병 없이 100세까지 가보자!

발 행 | 2019년 7월 31일
편저자 | 김연준, 최인선
펴낸이 | 한건희
펴낸곳 | 주식회사 부크크
출판사등록 | 2014.07.15.(제2014-16호)
주 소 | 서울특별시 금천구 가산디지털1로 119 SK트윈타워 A동 305호
전 화 | 1670-8316
이메일 | info@bookk.co.kr·

ISBN | 979-11-272-7922-6

www.bookk.co.kr

심천사혈로
질병 없이
100세까지
가보자

나는 ○○로 행복한 노후를 꿈꾼다.
피가 맑으면 만병이 ○○한다.
자신의 건강은 스스로 돌보자.

김연준 최인선 편저

BOOKK

자신과 가족의 건강을 지키는데
도움이 된다면

...

"밀린 병원비를 납부하지 않으면 수술은 할 수 없습니다!"

원무과의 직원이 차갑고 무섭게 독촉하고 간다. 낮에는 주차요원으로, 밤에는 대리운전으로 아들들의 병원비를 벌기 위해서 발버둥쳐 보지만 뇌질환을 앓고 있는 두 아들을 구하기에는 희망이 없어 보인다.

...

메디컬 드라마의 일부 내용입니다.

어떤 가정을 막론하고 가족 중에 한 사람이라도 투병생활을 하고 있는 환자가 있다면 가족의 구성원은 어두운 그림자의 그늘에서 헤어나지 못합니다. 특히 어린 자식의 목숨이 경각에 달려있는 상황이라면 대부분의 부모는 오직 자식을 살려야겠다는 일념뿐 아무것도 안 보입니다.

요즘은 병명도 알 수 없는 질병이 많습니다. 경제적으로 넉넉한 환경이라면 모를까 평범한 가정에서는 엄청난 병원비로 인해서 한 집안이 풍비박산 되어버리는 것이 지금의 뼈아픈 현실입니다. 가족을 잃어 본 경험이 있는 분들은 현실의 냉엄함을 아실 것입니다. 특히 100세 시대를 살고 있는 우리 모두는 죽는 순간까지 건강하게 살다 죽기를 희망합니다. 살아있는 것도 죽어있는 것도 아닌 상태로 요양병원에서 생명연명장치에 의해서 길고 긴 시간을 보내다 돌아가시는 분들이 많아지고 있는 추세입니다.

이러한 현실 속에서 누군가는 그냥 흘려버린 심천사혈요법이 어느 날 우연히 소중한 선물로 찾아왔습니다. 이 소중한 만남으로 인해서 건강을 보는 시각이 완전히 달라졌습니다. 물론 처음에는 쉽게 이해되지 않았습니다. 너무도 현대의학에 익숙해져 있기 때문에 부항기로 피를 뺀다는 것에 대해서 거부감이 들었습니다. 하지만 우여곡절 끝에 의심반 호기심반의 마음으로 심천사혈요법1~3권의 책을 구입해 읽었습니다. 전문작가가 쓴 책이 아니라서 좀 거칠긴 했지만 처음부터 끝까지 전개되어진 책의 내용은 나를 완전히 몰입하게 했습니다. 지극히 이치적이고 논리적인 흐름이다보니 책 속에 푹 빠져들게 되었습니다. 그때부터 심천사혈요법은 가족지킴이로써 가족과 함께 해왔습니다. 고질병이었던 편두통과 신경성 위염은 짧은 기간에 정상으로 돌아왔고 어머니의 요실금, 고혈압과 심근경색까지도 모두 해결할 수 있게 되었습니다. 이러다 보니 자연스럽게 심천사혈요법의 마니아가 되어 주변 분들의 건강 가이드 역할까지 하게 되었습니다.

심천사혈요법은 초등학생도 할 수 있을 만큼 어렵지 않습니다. 저희가 처음에 그랬던 것처럼 여러분들도 심천사혈요법에 대한 편견을 가능한 빨리 버리신다면 누구든지 스스로 자신의 건강과 가족의 건강을 지킬 수 있습니다. 가족 중의 한 사람만 심천사혈요법을 배우면 됩니다. 그러면 적어도 의료비가 엄청난 현실 속에서 외과적인 수술을 제외한 순환기 장애의 질환으로부터 고통은 받지 않을 것입니다. 저희의 작은 움직임이 건강을 지키고자 하는 분들에게 작은 도움이 되시기를 소망합니다.

본 책은 심천사혈요법도서를 바탕으로 정리하였습니다.

김연준, 최인선

지혜롭게 심천사혈을 할 수 있는
길잡이가 되기를 희망합니다.

차 례

프롤로그

Part 2
사혈의 기초편

Part 3
사혈의 실제편

≣ Part 4
사혈의 약성편

≣ Part 5
사혈의 고급편

Part 6
'심천의학가이드의 Q&A편

≣ 부록편

심천인의 얼

"

    인간의 특성은 옳고 그름보다는 자신이 앞서 배운 지식을 기준하여 사물을 보고 판단하는 약점 때문에 항상 사신의 생각이 지혜로운 판단이라는 아집에 빠지기 쉬운 약점을 가지고 있습니다. 깨우침 열린 마음이란 자신이 앞서 배운 지식이 잘못되었다는 것을 한 가지 한 가지 알아채가는 과정을 두고 하는 말입니다.

-심천사혈요법 중에서-

▷ ▶ ▶ ▶ ▶Part 1

사혈의 이해편

"

피가 맑으면
만병이 물러간다.

심천 박남희

🔔 사혈이란?

사혈은 부항기를 이용해서 죽은피인 '어혈'을 빼내는 것으로, 혈관을 하수도 파이프로 보고 노폐물을 그 속에 쌓인 찌꺼기로 볼 때 하수도 파이프에 쌓인 찌꺼기를 빼 주는 것이라고 생각하면 됩니다. 일단 사혈을 시작할 때, 하수구 통로를 청소 하듯이 온 혈관을 청소한다는 의미를 부여하고 시작하면 큰 개선이 있습니다. 그리하여 어떤 증상 하나를 치유하기 위해서 사혈을 시작하였다고 할지라도 조금만 주의를 기울이고 세심하게 그 증상의 원인을 치유하다 보면 기타 부수적인 많은 질병의 증상이 더불어 호전되는 결과를 보게 됩니다.

어혈이 머무는 곳은 모세혈관으로, 어혈은 혈관을 따라 이동하는 것이 아니라 대부분 모세혈관에 고착되어 있습니다. 비유하자면 강물이 흘러도 뻘은 가라앉아 흐르지 않는데, 이 뻘이 곧 어혈이라고 보면 됩니다. 강은 혈관이며 위에 계속해서 맑게 흐르는 물은 생혈입니다. 만약 뻘을 녹여 물에 흩트려 놓으면 물 전체가 오염되기 마련인데, 어혈을 약성으로 녹여 놓기만 하면 어혈과 생혈이 섞여 피 전체가 오염됩니다. 따라서 녹여진 어혈이 혈액전체에 뒤섞어 놓는 것 보다는 어혈을 제자리에서 밖으로 빼내는 방법이 나머지 혈액을 오염시키지 않고 어혈을 제거하는 방법입니다.

🔔 어혈이란?

성분학적인 시각으로 보면 어혈은 존재하지 않습니다. 하지만 심천사혈요법에서는 모세혈관에 쌓여 움직이지 않는 혈액을 말합니다. 혈관 속에는 지방, 단백질 등과 같은 여러 영양성분이 존재합니다. 이러한 영양성분이 말초모세혈관에서 화학반응에 의해서 체지방처럼 굳어져 혈액의 흐름 장애를 유발하는 것을 어혈이라고 보고 있습니다.

🔔 생혈과 어혈의 구분

생혈의 판별기준은 피의 색깔이 선홍색으로 붉고 약솜이 쉽게 빨아들일 수 있는 농도이며, 응고되는 속도가 어혈에 비해 몇 배나 느리다는 점입니다.

어혈은 『검거나, 검으면서 아주 묽거나, 나오는 즉시 응고되어 솜이 빨아들이지 못한다.』

피는 몸 밖에 나와 체온이 떨어지면 모두 응고되지만 응고되는 속도에 있어 어혈과 생혈은 그 차이가 있습니다. 어혈은 나오는 즉시, 생혈은 한참 후 온도가 떨어져야 응고 됩니다.

🔔 어혈이 생성되는 이유

- 간 기능의 저하
- 신장 기능의 저하
- 스트레스
- 중금속의 누적
- 화학 물질의 누적
- 농약, 방부제 등의 독극물에 의한 노출

🔔 심천생리학·심천사혈요법이란?

우리 인체 구조는 혈액순환만 잘 이루어진다면 아플 이유도 죽을 이유도 없는 구조로 되어있습니다. 나이가 들면서 노화가 오고 기능이 떨어지고 질병이 오는 것은 나이가 들수록 많아지는 어혈이 혈관을 막아 피가 못 돌아서 나타나는 현상들입니다. 배가 아프고 머리가 아프고 다리가 아픈 차이점, 백혈병 신부전증이라 해도 결국은 어혈이 어느 혈관을 막고 있느냐의 차이점일 뿐입니다. 인체의 최고의 약점은 나이가 들수록 많아지는 어혈을 인체 스스로 제거할 능력이 없기 때문에 나이가 들수록 혈관이 막히는 만큼 기능이 떨어지고 질병이 오고 죽을 수밖에 없는 것입니다.

심천사혈요법의 기본 골격은 자연의 섭리법을 기준하여 적응적 진화, 적응적 영성의 깨우침, 먹이사슬의 연결고리와 더불어 공존·공생법으로 보고 인체 스스로 소멸시키지 못하는 어혈을 인위적으로 빼주어 피의 흐름을 잘 돌게 하므로 인체의 본래 기능을 스스로 복원하게 해주는 의학입니다.

심천사혈요법은 혈관에 쌓인 찌꺼기인 어혈을 제거해 새로운 피가 들어가게 되고 새로운 피가 들어가게 됩니다. 그러면 수면세포가 영양분과 산소를 공급 받아서 새로운 세포를 만들어 내고 수면세포는 떨어져 나가는 과정으로 신체의 각 부분의 세포 스스로 각 장기를 복원하게 하는 방법입니다.

🔔 사혈점의 이해

심천사혈요법의 사혈점의 명칭을 살펴보면 가슴통혈, 간질병혈, 감기혈, 견비통혈, 견비통혈, 고혈압혈, 골반통혈, 골프통혈, 관절염혈, 귀울림혈, 급체혈, 기관지혈, 기관지혈, 닭살혈, 대머리보조혈, 두통혈, 목통혈, 무좀혈, 발목통혈, 뿌리혈, 생리통혈, 습진혈(손바닥 중앙), 시력혈, 신간혈, 신합통혈, 안구건조증혈, 알통혈, 암내혈, 앞근통혈, 앞쥐통혈, 앞쥐통혈보조혈, 양반혈, 오금통혈, 위장혈, 입돌이혈, 중풍혈, 척수염혈, 축농증혈, 치질혈, 치질혈(항문), 침샘혈, 턱관절혈, 팔관절혈, 팔굽통혈, 팔기미혈, 팔기미혈, 팔목통혈, 풍치혈, 협심증혈, 횡격막보조혈 등과 같이 순수 우리말로 되어있습니다.

심천사혈요법에서는 먼 훗날을 대비하여 순수 우리말로 사혈점을 명명(命名)한 것입니다. 오랜 세월 후 전 세계로 퍼져 나가서 그 근원을 찾고자 할 때 사혈점의 명칭만으로도 어느 나라의 것인지에 대한 구별이 바로 된다는 깊은 뜻이 내포되어있습니다. 또한 사혈점의 이름만 들어도 그 질병과 관련이 있다는 것을 쉽게 알아보게 한 것입니다. 하나의 사혈점에 여러개의 효능이 있어도 그 중 가장 관련성이 많은 것으로 이름을 붙인 것입니다. 따라서 해당 사혈점 위치의 말초모세혈관이 막히면 사혈점 이름의 질병이 온다는 의미도 있지만 사혈점 이름의 질병이 올 때는 해당 사혈점을 사혈해주면 치유가 된다는 의미도 있기 때문에 사혈공부를 하는 분들을 배려한 것은 물론이고 사대주의에 빠져서 외국 이론만 옳다고 생각하며 그 이론을 무비판적으로 수용해온 우리의 아픈 역사를 뒤돌아보았을 때, 우리 것을 빼앗기지 않으려는 깊은 뜻이 내포되어있는 명칭이라는 점도 마음속 깊이 새겨야 할 것입니다.

🔔 심천생리학의 장단점[1]

심천생리학의 장점

● 말초모세혈관을 막고 있는 어혈이 뻑뻑하여 잘 나오지 않을 때에는 그 어혈을 불려 농도를 묽게 함으로서 어혈을 빠른 시

간에 뽑는 처방이 있습니다.

- 악성빈혈 환자라도 해독기능(피를 맑게)으로 혈질을 개선하고 영양, 철분 그리고 염분의 보충으로 조혈에 필요한 처방을 하면 골다공증, 악성 빈혈환자라 할지라도 재발하지 않는 근본 치유의 사혈이 가능합니다.

- 질병의 결과치유보다는 만병의 근본원인 자체를 치유하는 개념치유이기 때문에 현재 순환기 계통의 질병 대부분은 예방과 재발하지 않는 개선반응이 강력합니다.

- 심천생리학의 이해력이 부족한 사람에게도 설명보다는 1~2회의 사혈로 개선반응을 증명할 증세들이 많습니다. 대표적인 증세로 어혈만 나와 준다면 주부습진, 무좀, 근육통, 두통, 급체, 위경련, 협심증, 고열, 감기 등은 1~2회의 사혈만으로도 그 개선반응을 몸으로 느끼게 해주는 경우가 많습니다. 아토피, 두드러기, 가려움에는 강산해독제를 섭취하고 8번 혈(신간혈)을 사혈할 경우 1~2회의 사혈만으로도 가려움증에 개선반응이 가시적으로 나타납니다. 여기서 중요한 점은 약의 마취 효능으로 증세를 완화시키는 것이 아니라 가려움의 근본원인인 강산(強酸)을 해독하는 효능과 신장 기능자체를 회복시켜 주는 개선반응을 보여준다는 점입니다.

- 각종 피부과 질환인 아토피, 딸기피부, 검은 피부, 기미, 검버섯, 여드름, 종기, 처진 피부, 주름 등 육안으로 확인이 가능한 증세들에 탁월한 개선반응이 있습니다. 그리고 쉽게 재발하지 않는다는 점도 특징입니다.

- 사혈을 마치고 난 후 그대로 두어도 조혈기능이 회복되면 자신도 모르는 사이에 많은 증세들이 스스로 복원됩니다.
- 심천사혈을 예방의학으로 사용한다면 순환기장애 증세의 고혈압, 중풍, 치매, 협심증 등 순환기 질병들을 예방하는데 탁월합니다.
- 불면증 등 각종 정신과 질환에도 강력한 효능이 있습니다.

심천생리학의 단점

- 당장 수술을 요하는 응급 환자들에게는 적용할 수 없습니다.
- 어혈의 농도가 뻑뻑하고 잘 나오지 않거나 어혈이 많은 경우 주 1회 사혈기준으로 1~2년의 인내를 가지고 사혈을 해야 합니다.
- 악성빈혈 환자나 노약자는 심천생리학의 지식을 습득하고 정확히 이해하고 그 대처방안을 알고 적용해야만 안전사혈을 할 수 있습니다.
- 사혈은 마취 없이 사침 하는 것이기 때문에 사침 시에 일정한 정도의 통증은 감수해야 합니다.
- 중환자의 경우 비용부담이 될 수 있습니다.

🔔 초심자들을 위한 심천사혈의 이해와 적용

혹시 현대의학 처방을 받으면서 효과를 못 보면서 왜 효과가 없는지에 대한 의문을 가진 적은 없는지요? 심천사혈은 단시간에 쉽게 얻으려고 하는 욕심을 가진다면 습관성 사혈과 피부족에 의한 제자리걸음에서 벗어나지 못합니다. 심천사혈에서 가장 중요한 기본사혈에 대한 이해가 아직 부족한 분들이 많습니다. '기본사혈 6개월을 했어요!'라고 하지만 무분별한 사침과 생혈의 손실 내지는 찌든 어혈로 인하여 본인이 가지고 있는 어혈양의 5%로도 손대지 못한 상황입니다. 심천사혈은 기간이 중요한 것이 아니라 막힌 어혈이 얼마만큼 열렸는지가 관건이기 때문입니다.

가장 효과적인 사혈을 위해서는 기본사혈을 얼마나 잘 했느냐에 따라 크게 좌우됩니다. 적어도 6번 혈(고혈압혈)에서 생혈 반 어혈 반이 나올 때 8번 혈(신간혈)을 하는 것이 좋은데, 이 과정 결코 쉽지 않습니다. 2-3-6번 혈을 3개월 사혈하고 3개월 휴식을 취하는 동안 2-3-6번 혈은 또 다시 막혀있기 때문입니다. 그럼, 또 다시 2-3-6번을 사혈해서 생혈 반 어혈반이 나와 주어야 하는데, 이미 오장 기능이 떨어진 상태에서는 조혈기능이 좋지 않기 때문에 부득이하게 철분제나 염분, 어혈 녹이는 처방과 조혈에 필요한 조치를 해야만 합니다.
- 이 부분에서 2-3-6번 혈의 눈사태 현상이 반복되어 사혈방법과
  조혈의 적용에 따라 수개월~수년이 걸립니다.

- 사혈은 지속성과 연속성이 중요하며 기준 없이 하다 말다 하는 사혈은 습관성이나 눈사태 현상으로 다시금 원위치로 돌아갑니다. 결국은 휴식기를 가진다 하더라도 이미 조혈에 대한 뒷받침이 되지 않기 때문에 반복되는 눈사태 현상 속에서 안정적인 사혈을 위해서는 기본사혈에 충실해야만 합니다.

- 10명이 똑같이 사혈하고 3개월을 똑같이 쉬어도 오장기능의 저하와 조혈의 조치에 따라서 호전 되는 과정이 개개인마다 다르게 나타납니다. 기본사혈은 개인마다 적어도 1~3년 이상 어떻게 사혈을 했는지에 따라 결과는 모두 다르게 나타납니다. 그 이유는 개개인의 어혈의양, 신장과 간장 기능의 저하, 조혈기능 상태, 사혈의 이해와 적용, 일상생활, 조혈에 대한 조치, 기본사혈의 충실도, 부모에게 물려받은 몸 상태, 식습관, 직업, 운동의 정도 등 이루 말할 수 없는 변수가 작용하기 때문입니다.

- 내 몸 상태에 맞는 사혈 양과 주기, 그리고 조혈에 대한 충족된 조치가 중요합니다.

- 조혈의 조치에 따라 호전이 다르고 사혈의 기간과 개선, 그리고 기복이 다릅니다.

- 몸이 좋지 않을수록 빠른 개선을 기대한다면 그 만큼의 조혈에 대한 조치, 비용, 애씀의 기간이 필요한 것은 당연한 이치입니다.

- 성급함에 효과만 바라고 시작한 사혈은 중도 포기하게 되기 때문에 공부와 경험치를 자꾸만 이야기 하게 됩니다. 심천사혈요법 도서에 표현한 기본 사혈의 표현은 이러한 것을 총체적으로 감안하고 수치적 표현을 해 놓은 것이기 때문에 각자의 노력과 적용

에 따라서 사혈의 개선, 사혈 기간, 사혈의 기복, 피부족 등이 다르게 나타나는 것입니다.

- 이러한 변수에 따른 후속적인 이해와 조치에 따라서 몸의 안정 상태를 빠르게 찾을 것인지 아니면 계속해서 습관성 사혈에 머물 것인지에 따라 개별적인 차이로 나타나게 됩니다.

이러한 과정은 무시한 채 각자의 기준으로 해석하고 적용하고 나서 심천사혈이 잘 못 되었다고 치부해 버리는 경우가 많습니다. 심천사혈은 사혈30%+약성30%+영성30%로 이루어진 학문입니다. 사혈의 이해에도 수많은 이치가 내재되어 있으며, 약성의 원리를 잘 이해하고 적용해서 환경을 바꾸어 주어야만 사혈의 효과를 극대화시킬 수 있는 장점을 가지고 있습니다.

난치병에 가까운 질병일수록 해독을 통한 환경을 빠르게 바꾸어 주어야만 합니다. 혈질이 바뀐 어혈이 나와 주지 않으면 그것을 불려서 녹여야만 하고, 어혈이 빠진 만큼 혈액의 농도가 묽어지면 조혈에 필요한 영양분을 공급해 주어야만 합니다. 이 세 가지(해독, 녹임, 영양분)이외에도 염분, 철분 등 필수불가결한 요소가 많이 있습니다.

- 이러한 부분을 위해서 만든 것이 진액(농축액)입니다.
- 진액은 적어도 기초적인 공부가 필요하며 효율성, 안정성, 경제성을 위해서는 경험자의 지도가 필요하기에 초심자에게 권하기에는 많은 이해와 설명이 필요합니다.

이 외에도 수없이 많은 설명을 해야만 하지만 이 공간의 한계점으로 부족하기에 각 지역의 배움원에서 기본적인 공부를 해 보시라고 권하는 것입니다.

공부는 해도 끝이 없는 것인데 그동안 지식 공부에 길들여진 일반인들이 처음에 심천사혈을 접할 때 효과에 치우친 기대치를 가지고 시작을 했다가 이해의 부족으로 눈사태, 피부족, 기복, 변수 등이 나타나면 진퇴양란에 빠지게 되고 심천사혈의 문제점을 언급합니다. 그러다 보니 많은 과정의 이해를 주고받기가 어려워서 일축된 표현으로만 문답을 하다 보니 소통의 어려움이 발생합니다. 안타깝긴 하지만 선생님의 말씀에 의하면 '심천사혈은 각자가 이해하고 적용한 만큼만 심천사혈이고 그 기대치와 결과치도 그 만큼만 나타난다.' 라고 하십니다.

- 처음부터 다른 대체요법으로 사혈을 접하신 분들은 이 말을 이해 못합니다. 피 빼는 요령만을 취하기 때문에 논리와 이치적인 접근의 한계점을 벗어날 길이 없기에 기존의 지식과 여타의 약성을 적용하는 한계점에 부딪히고 맙니다. 진정 큰 공부는 눈에 보이지 않는 이치공부인데 그 조차도 인식하지 못하거나 지식의 틀에 이끌리게 됩니다. 그러기에 훌륭한 스승의 발자취가 필요한 것입니다. 이 말 뜻을 잘 풀어보시면 공부와 경험의 과정이 꾸준히 병행 되어 시간 속에서 깊이를 알게 되며 눈에 보이지 않는 이치적인 접근을 해야 만 다양한 질병에 대한 답을 풀어낼 수 있다는 것을 알게 될 것입니다.

초심자들은 책을 가볍게 읽고 바로 사침을 시작합니다. 물론 사람에 따라서 이해도와 적용이 다르기에 빠른 흡수를 하시는 분들도 많지만 필요한 지식만 취하고 그것만으로 큰 기대치를 바라는 분들도 적지 않은 것 같습니다. 바라건대 지식의 접근이 아닌 이치적인 접근의 공부가 필요하며 이미 길들여진 지식과 습관을 바꾸려면 새로운 공부를 한다고 생각해야 합니다. 심천사혈요법을 시작하다 보면 기존의 학문과 해법이 얼마나 큰 시각적 오류가 있는지를 하나씩 알아채 가는 과정이 있을 것입니다. 심천사혈은 시간과 과정이 필요한 공부입니다. 좋은 무기를 가지고도 내 것으로 만들지 못하면 활인검이 아니라 살인검이 되기도 합니다. 부디 제대로 된 공부와 이치의 접근으로 그동안 접하지 못했던 큰 공부를 취하시기 바라는 마음입니다.

🔔 사혈의 효과를 반감시키는 요인들

1. **교육:** 배움원에서 체계적인 교육을 받고 3년 이상 체험한 분들은 제대로 된 사혈을 하게 되지만, 책만 보고 10년을 했다는 분들은 초보적인 사혈에서 벗어나지 못합니다. 자칭 깊이 없는 고수가 되어 주변 분들에게 그릇된 사혈을 알리게 되거나 본인 기준의 편향적인 사혈로 비효율적인 사혈을 하게 됩니다.

2. 몸 상태: 사혈 이전에 개개인의 몸 상태를 고려하지 않고 건강하다고 착각하는 분들이 많습니다. 이 분들은 대부분 보사의 균형을 인식하지 못하고 사혈을 행함으로써 비효율적인 결과의 원흉이 되기도 합니다. 타고난 몸 상태, 게으른 몸 관리, 무분별한 먹거리, 몸이 힘든 직업, 과도한 스트레스, 과거 병력, 과거 양약 섭취 기간 등 이미 전반적으로 몸의 기능이 저하되어 있습니다. 혈액이 탁해진 상태, 그리고 어혈을 만들어 온 각자의 원인도 사혈적용 이전에 충분히 인식하는 것이 중요합니다.

3. 시술자: 누가 나에게 사혈을 하느냐에 따라 사혈의 결과는 달라집니다. 공부와 체험의 결여, 형식적인 사혈, 예민한 감각의 부재는 사혈의 질을 현격하게 떨어트리게 됩니다. 같은 사람을 놓고 사혈을 해도 결과물이 천차만별이고 명현반응도 다양하게 나타납니다. 그렇기 때문에 어혈의 질과 사침 수 및 부항컵의 압력 등 예민한 접근에 따라서 적출된 어혈의 양과 1주일 후의 변화가 다르게 나타납니다.

4. 조혈 적용: 사혈 전에 개개인마다 조혈의 정도차가 다양합니다. 조혈의 차이는 신장기능 저하에 따른 혈액의 탁도와 어혈의 양에 따라서 조혈의 개념이 다르게 나타납니다. 사혈하기 전에 탁한 혈액을 해독으로 맑게 유지하고 충분한 영양의 적용을 하면서 사혈하게 되면, 개선의 여지도 두 배 이상 빠르고 피부족의 힘겨움에 쉽게 노출되지 않습니다. 영양, 염분, 철분, 해독, 분해의 철저한 적용

여부를 제대로 인식하는 정도에 따라 사혈의 효과는 달라집니다.

5. 바쁜 일상: 교육이 아닌 치유 위주의 사혈을 시작 하시는 분들이 많습니다. 이 분들은 대부분 몸만 맡기려는 습성과 사혈에 대한 낮은 이해로 질적으로 폄하된 과정을 겪게 되는걸 보게 됩니다.

'식품 챙겨 먹기가 번거로워요!', '사혈시 사침 통이 심해서 힘들어요!', 동영상 USB와 심천사혈요법 관련 도서는 책꽂이에 방치된 채 온갖 불평불만과 의구심의 표현만을 하는 분들의 경우, 비효율적인 사혈의 적용으로 불안정한 결과를 스스로 만든다는 것도 전혀 인식하지 못하게 됩니다.

6. 사혈 금기사항: 사혈의 효율성을 극대화하기 위해서 조심해야 할 부분에 대해 수시로 언급합니다. 하지만 일상의 어울림 속에서 건강의 우선순위를 잠시 뒤로 미룬 채 다양한 핑계로 위로하려 합니다. 음주, 소고기류, 운동, 날 음식, 찬 음식, 사우나, 과로 등에 노출된 사혈은 비효율적인 결과를 초래하기 때문에 사혈 기간 중에는 대수술 중이라고 스스로 인식시키면서 진득하게 금기사항을 지켜주는 것이 중요합니다.

7. 보사의 균형, 사혈의 양: 각자의 몸 상태, 조혈에 대한 조치에 비례해서 목적하는 사혈의 양을 이끌어 내는 것이 중요합니다. 하지만 누군가는 턱없이 부족한 사혈 양을, 누군가는 과한 사혈 양을 이끌어 내게 됩니다. 이와 같은 과정으로 인해 누군가는 피부족 현

상으로 힘들어 하고, 누군가는 더딘 효과에 답답해합니다. 각자에 맞는 충족된 어혈의 양과 조치를 통해서 각 개인의 몸 상태의 흐름을 알아채고 유지해 주는 것이 중요합니다.

8. 마음가짐: 사혈을 해주는 사람은 정성을 다해 사혈해주는데 반해 사혈을 받는 사람의 마음가짐과 사혈에 대한 개념의 유무에 따라 사혈의 결과에 미치는 영향이 다릅니다. 진득한 마음을 갖는 요소에는 사혈에 대한 이해, 감사함 그리고 절실함이 있어야 합니다. 받아들이는 마음의 부재와 긴장도에 따라 미치는 영향은 어혈의 적출양의 차이로 나타납니다.

9. 사혈의 질과 정성: 양질의 사혈을 이끌어 내는 것은 위의 1~8번에서 언급한 다양한 요소들의 집합체입니다. 사혈을 주고받는 것은 마음과 마음의 소통이기도 합니다. 단순히 어혈을 꺼내는 것 같지만 생명과 생명끼리의 작용이기 때문에 사혈에 미치는 수많은 영향력을 생각해 봐야 합니다. 대충하는 사혈은 충족된 결과를 얻기 어렵다는 것을 인지해야 합니다. 그 만큼 정성과 노력여부에 따라 스스로 질적인 사혈의 결과를 얼마만큼 이끌어 낼 수 있는지 경험으로 인지하기 바랍니다.

10. 사후 관리와 조치: 사혈 후의 관리와 조치도 중요합니다. 사혈 기간에는 정성스럽게 자신의 몸을 챙겼음에도 불구하고 사후 관리를 소홀히 함으로 인해서 건강한 몸 상태의 유지를 못 하는 분들이

있습니다. 대수술 후에 어떻게 해야 하는지를 스스로 인식해야만 합니다. 사혈의 바탕은 체세포입장에서 바라봐야 합니다. 체세포가 좋아하는 환경, 세포 분열을 잘하기 위한 조건, 사혈을 마친 후 체세포에 미치는 영향력이 얼마나 대단한지를 인식하고 못하고에 따라서 사혈의 결과를 극대화시킬 수 있음을 알아채야 합니다.

재발이 없는 결과를 100%로 보고, 위의 1~10번에 언급한 요소들의 부족분에 따라서 -10%씩을 감안하면 그 만큼의 결과만 기대하면 됩니다. 여러분은 지금 몇 %의 기대치를 가지고 사혈을 적용하고 있습니까? 사혈 기간에는 어떠한 변명이나 자기합리화의 표현을 하지 말아야 합니다. 스스로 비효율적인 사혈과 부족분의 결과에 대한 이해 부족으로 사혈에 원인을 두는 분들이 의외로 많습니다. 여러분들은 효율적인 사혈과 사혈 후의 충족된 조치로 최대의 효과와 안정적인 결과를 이끌어내기 바랍니다.

🔔 호전반응·명현반응이란?

우리가 건강을 유지하거나 개선시키기 위해서 몸 안팎으로 적용하는 다양한 행위들이 있습니다. 그 행위는 건강을 예방하고 치유하기 위한 방편이지만 그 행위로 인해서 우리 몸은 기능적인 변화에 따른 색다른 반응들이 나타나게 됩니다. 몸이 좋아지는 과정에 일시적으로 나타나는 반응이 신호적으로 표현이 되는 명현현상을 호전반응이라고 합니다. 반응을 했다는 것은 부족분, 넘치는 부분, 항상성이 흐트러진 부분에 대한 변화가 인체에 부정적이거나 호전적인 반응을 했다는 의미입니다. 물론 효과가 있을 수도 있고 없을 수도 있습니다. 혹은 부작용이거나 일시적인 개선일 수도 있습니다.

우리의 몸은 매일 조금씩 기능이 떨어지고 노화가 서서히 진행되고 있음을 단시간에는 인지하지 못합니다. 하지만 10년 단위로 자신을 바라보게 되면 생로병사의 흐름을 거스를 수 없음을 알게 됩니다. 노화가 진행된다는 것은 매일 매일 세포가 끊임없이 분열을 하고 있는 이면에 매일 매일 말초모세혈관이 조금씩 서서히 막혀가고 있다는 사실입니다. 많은 분들은 자신의 건강에 대한 예방차원으로 운동, 마사지, 건강식품, 명상, 양약, 한약, 대체요법을 적용하고 있습니다. 이와 같은 행위가 내 몸을 지켜주고 돌봐 줄 것이라는 희망을 가지고 행동과 멈춤을 반복합니다. 하지만 지속적으로 실천하지 못한 채 잠시만이라도 심리적인 위안을 받습니다. 일시적인 행위의 적용이 내 몸을 개선시키고 치유해 줄 것이라고 착각합니다. 운동과 같은 행위를 일정기간 하다가 멈춘다는 것은 조만간 다시 내 몸은 행위 이전의 상태로 돌아간다는 것을 알아채지 못합니다.

어떤 분들은 안하던 운동을 하면 몸살이 나기도 하고 근육이 경직되기도 합니다. 어느 정도 반복을 한 이후에 익숙해지면 컨디션도 좋아지고 체력도 좋아지게 됩니다. 좋은 건강식품을 먹게 되면 체내에 흡수되면서 식품의 특정 성분이 혈액 환경 개선에 2차적인 효과를 나타내기도 합니다. 늘 건강하다면 하지 않아도 되는 유사 행위들을 통해서 내 몸의 한계점과 기능이 떨어지고 혈액 환경도 열악해져 가는 일정 흐름들을 새로운 환경으로 뒤바꿔 놓거나 일정 패턴을 깨트려 놓게 됩니다.

이때 우리의 몸은 운동과 식품에 의해서 바뀌어 가는 과정 속에서 많은 변화와 신호가 나타나게 됩니다. 이러한 좋고 나쁨의 현상들을 호전반응 혹은 명현반응이라고 표현합니다. 현대의학적인 근육xx제, 호xx제, 혈전xx제 등의 강제 기능의 것들이 인체에 들어오게 되면 개선과 동시에 부작용과 같은 현상들이 동반되기 합니다. 인위적인 접근에 의해서 발생되는 몸의 반응인 호전·명현현상입니다. 역사 속에서 지금까지 행해지고 있는 많은 요법들은 생활 속에서 검증절차를 거치면서 효과가 없거나 부작용이 큰 것은 도태되었고, 부작용 없이 적당한 효과를 보았던 것들은 현재까지 유지되었을 것입니다. 그럼에도 불구하고 누군가에게는 효과가 있고 없고, 명현현상이 있고 없고의 차이가 있습니다. 이것은 내 몸에 맞는 적정수치 만큼의 적용과 개선이 있었느냐의 차이가 될 것입니다. 인위적으로 건강을 유지하려고 적용했던 강제적인 기법들이 우리 몸의 내·외적인 부분들을 긁어 부스럼 일으키듯 나타나는 우리 몸에서 보여주는 수많은 신호들이 명현반응으로 나타납니다.

예를 들어서 철분제를 먹는데 변비가 있는 사람과 그렇지 않은 사람의 차이는 장(腸)기능의 차이로 볼 때, 내 몸의 기능이 저하된 탓을 하기 보다는 철분제의 부정적인 탓으로 돌리곤 합니다. 어떤 경우는 침을 맞고 침 몸살을 앓거나 어혈의 이동으로 인하여 몸이 더 불편해졌다고 합니다. 침의 기능적 제약점과 자신의 몸속에 있는 많은 어혈에 의한 말초모세혈관개선의 한계점으로 나타난 명현 반응일 수도 있습니다. 이독제독의 경우도 마찬가지입니다. 해독식품을 적용하는데 개선이 되어가는 과정에서 사람마다 느낌과 반응은 다양하게 나타납니다. 그 이유는 내 몸의 혈액환경과 혈액순환의 정도 차에 따라서 다르게 나타나기 때문입니다.

우리 몸은 체세포 스스로 생존본능에 의해서 좋고 나쁨을 정확히 인지합니다. 명현반응은 자신의 몸의 해당 부위에 문제가 있다고 생각하면 됩니다. 사혈 중에도 피부족의 과정에서 어혈이 막힌 곳을 신호로서 인지시켜줍니다. 결론적으로 우리 몸의 안팎에 나타나는 수많은 현상들은 체세포의 입장에서 혈액 환경이 바뀌었거나(맑고/탁함) 말초모세혈관이 막힘과 소통의 변화에 따른 다양한 형태의 체세포의 신호라고 이해하는 것이 적절한 표현입니다. 사혈에 있어서 명현현상은 혈액 환경이 바뀌는 과정과 사혈 중에 하지 말아야 할 행동(술, 운동, 날 음식, 소고기, 사우나 등)을 했거나 눈사태현상이 있을 때 몸을 흩트리게 됩니다. 이때, 명현반응 같은 신호들이 나타나게 됩니다.

자연 속에 사는 동물, 곤충, 식물들도 적응적 진화를 하며 살아남는 과정에 수많은 명현현상과 같은 진통을 겪은 이후에 면역력이 생겼을 것입니다. 어떤 것을 적용하여 몸에 변화가 나타난다는 것은 아직 체세포가 활동성으로 살아 움직인다는 것이지만, 어떠한 반응과 개선이 없다면 비 활동성 체세포가 더 많다는 것입니다. 혈관이 막힌 수면세포가 많은 상태로 수많은 요법들을 적용하면서 겪었던 현상과 어혈을 제거하면서 나타나는 현상은 그 가치적 개념이 다름도 인지하기 바랍니다. 한마디로 명현반응은 순응하는 삶을 거부하고 건강하게 오래살고 싶은 욕심에 우리 몸을 다양한 도구로 긁어 부스럼 일으키는 변화의 과정에서 나타나는 여러 가지 신체적인 변화에 대한 반응적 현상들입니다.

심천사혈을 자신의 몸에 적용한다는 것은 오랫동안 쌓인 노화된 혈관을 청소하는 과정입니다. 이러한 과정 속에서 혈액 내부의 탁혈과 어혈의 이동이 발생됩니다. 또한 대대적인 환경개선에 따른 노후 세포와 수면세포들이 분열하면서 막힌 혈관이 소통되고 혈관 내부의 압력과 대사과정에 발생하는 다양한 몸의 신호가 바로 호전·명현반응입니다.

● **생각해 볼 문제**
(가정) A는 성격이 급한 광부, B는 성격이 차분한 광부

각 20대, 40대, 60대의 몸에 굴을 파내는 과정이라고 생각하시고 A, B 두 광부가 20대, 40대, 60대의 몸에 채굴(어혈)을 파내는 과

정에 굴이 자주 무너지거나 눈사태현상이나 명현현상이나 피부족이 빈번하게 나타날 확률이 높은 사람은 다음 중 몇 번 일까요?

① A가 20대의 몸을 사혈할 때
② A가 60대의 몸을 사혈할 때
③ B가 40대의 몸을 사혈할 때
④ B가 60대의 몸을 사혈할 때

정답과 이유에 대해서는 각자 생각해 보시기 바랍니다.

"

심천생리학은 진단시각과
치유시각이 같다.

심천 박남희

🔔 사혈할 때의 마음가짐

- 혈관 속에 쌓인 쓰레기를 대청소 한다는 마음을 갖는다.
- 어혈은 몸 안의 쓰레기나 같은데, 그 동안 한 번도 청소를 한 적이 없으니 제 나이의 %만큼 많은 어혈이 몸속에 쌓여 있다 는 사실을 인식한다.
- 한꺼번에 빼내면 체력이 달리니, 각 개인의 체력에 따라 6개 월이든 1년이든 시간을 길게 잡고 나누어서 빼낸다.
- 어혈을 빼낸 빈 공간은 생혈이 채워 주어야 되는데, 몸에서 만들어 내는 피의 양과. 빼내는 양을 조절하지 않으면 체력이 달린다는 것을 염두에 둔다.
- 피를 빼낸 만큼 다시 만들어지기 위해서는, 조혈 기능에 필요 한 마른 멸치, 죽염, 철분제, 한약재([심천 사혈 요법]1권 처방 전 참고)그 밖의 고단백 식품 중, 초·육식성 동물 고기를 제 외한 잡식성 동물의 불포화지방은 적당히 섭취한다.

🔔 사혈을 해야 하는 이유

사혈로 인한 어혈의 제거는 모세혈관에 정체되어 있는 노폐물 즉 어혈을 제거함으로써 인체의 신진대사를 촉진시키는 작용을 합니다. 이는 오장육부의 모든 체세포에게 영양을 고르게 공급해 줌으로써 어혈로 인해 발생되는 질병을 치유하는데 호의적 이라는 의미이기도 합니다. 또 인체 스스로는 어혈을 제거할 능력이 없으며, 만병의 근원인 신간혈의 포인트를 개선시켜주어 자체 정화능력을 향상시켜서 체세포 스스로 복원하게 해주기 때문이다.

🔔 사혈하지 말아야 할 사람

● **7세 미만의 어린이:** 어린아이는 피를 뺀다는 사실에 상당한 두려움을 느낍니다. 피를 빼면 아플 것이라는 두려움에 긴장하므로 그 상태에서 강제로 사혈을 하면 쇼크로 실신을 할 수 있으니 강제로 사혈을 하면 안 됩니다. 잘 체하거나 위경련 때문에 사혈을 하고 싶다면 아이가 보는 앞에서 부모가 사혈하는 모습을 직접 보여주어 사혈의 두려움을 없애 주어야 합니다. 자연스럽게 간접적인 접근이 있는 경우라면 7세 이상만 되면 사혈을 해도 무방합니다.

● **임산부:** 사혈은 하수도에 비유를 하면 찌꺼기를 빼 주는 작업입니다. 사혈 전에는 어혈이 모세혈관에 쌓여 움직이지 않다가 사혈을 시작하면 부항기의 압력에 의해 움직인 어혈이 혈관을 떠돌다 탯줄을 타고 태아에게 흘러들어갈 수 있습니다. 이때 태아의 혈관이 막혀 기형아 출산의 위험이 있고, 혈액 부족으로 빈혈이 올 수 있으니 임산부의 사혈은 절대 해서는 안 됩니다.

● **양약을 한번 섭취 시 5종류 정도 되고 3년 이상 장복한 사람:**
양약을 한 번 섭취에 5가지를 먹는다는 것은 이미 오장의 기능이
제 기능을 못한다는 말과 같습니다. 3년 이상 장복을 했다면 이미
약을 끊고는 생명을 지탱하기 어려울 정도로 장기의 기능이 떨어져
있을 가능성이 매우 높습니다. 양약의 약리 기능은 상태를 누르기
위한 마취 기능의 약으로 세포들의 활동을 억누르는 기능과 세포들
이 분비 못하는 성분을 약이 대신하는 경우가 대부분이어서 본인만
모르고 있을 뿐, 약의 힘을 빌리지 않으면 이미 죽음에 이를 정도
로 장기의 기능이 떨어져 있을 것입니다. 약을 중단하고 사혈을 하
기에는 위험 부담이 너무 크기에 심천 사혈요법은 스스로 소생할
수 있는 여건을 만들어 주어 스스로 복원하도록 하는 것입니다.
양의사가 양약의 기능을 알고 양을 조절해 준 것인데 가정에서 약
을 끊고 사혈을 하면 매우 위험한 상황을 맞이할 수 있습니다. 이
러한 분들이 사혈을 하는 것은 절대 금물입니다

● **70세 이상 노약자:** 나이가 70세라면 이미 어혈의 양도 70%라
는 말이 되는데, 이 말을 뒤집으면 생혈은 전체 혈액의 30%밖에
되지 않는다는 말입니다. 나이가 많아질수록 어혈의 양은 많아지고
장기의 기능은 떨어지고 힘은 약해진다고 보시면 됩니다. 생혈이
30%인 사람은 50%인 사람에 비해 사혈로 생혈의 손실을 보았을
때 버티는 힘이 약합니다. 심천사혈요법을 완전히 이해하지 못한
상태에서 욕심으로 사혈을 하다가 사혈의 양이 지나치면 피가 부족
해서 나타날 수 있는 현상으로 고생할 소지가 많으니 사혈을 하지

마세요. 나이가 많으면 어혈의 양도 많고 어혈이 쌓인 시간이 오래 되니 어혈이 뻑뻑해져 있어 빼는데 시간이 많이 걸립니다. 조혈 기능이 젊은 사람만 못하니 시간을 길게 잡고 해야 합니다.

사혈의 순서를 철저히 지키며 시간을 두고 해야 한다는 사실을 이해한다면 사혈을 못하게 할 이유는 없습니다. 사혈을 얼마나 오래 하였느냐는 중요하지 않습니다. 중요한 것은 어혈의 양을 얼마나 많이 빼냈느냐 하는 것입니다. 어혈을 빼낸 만큼은 피가 잘 돌게 되고 피가 잘 돈 만큼 반드시 건강이 좋아지게 되어있습니다.

🔔 내 몸이 보내는 질병의 신호

- 쉽게 지치고 만성피로가 있다면 혈액 속 산소가 부족하니 해결을 해달라는 신호
- 각종 근육통이 있다면 어혈이 혈관을 막아 피가 돌지 못하므로 근육이 경직되어 있으니 해결을 해달라는 신호
- 두통이 심하다면, 뇌 속의 산소부족이 되었다는 신호
- 모발이 가늘어지고 노랗게 변한다면 혈액 속에 산도가 높다는 신호
- 피부가 건조해지고 마른비늘이 떨어지거나 기미가 끼면 장에서 영양분을 흡수하지 못하고 있다는 신호

- 뒷골이 당기고 열이 난다면, 곧 뇌혈관이 터져 중풍이 온다는 신호
- 무릎관절이 붓고 통증이 온다면 이젠 피 속에 산도가 높아 도저히 견딜 수 없다는 한계점의 신호
- 관절에서 뚜걱거리는 소리가 난다면 관절사이에 골수가 없다는 신호
- 감기가 자주 걸리면 목 쪽에 피가 돌지 못하고 있다는 신호
- 비만이나 갑자기 체중이 불기 시작하면 신장이 제 기능을 못하고 있다는 신호
- 술을 한잔만 마셔도 몸이 벌겋게 달아오르면 간의 해독기능이 떨어져있다는 신호
- 눈 주변이나 입술이 푸르다면 간 기능 저하로 곧 간염이나 간경화, 간암이 오니 주의하라는 신호
- 생리통이 심하면 자궁 쪽에 핏 길이 막혔다는 신호
- 몸이 무겁게 느껴지고 만성피로가 있다면 분명 혈액 속에 산소가 부족하다는 신호

🔔 부항기 사용법

부항컵은 신체의 사혈 부위에 맞게 설계된 것으로 다양한 모양을 가지고 있습니다.

- **원형부항컵**: 가장 많이 사용되는 일반적인 형태로 제작된 모양입니다.

- **삼각부항컵**: 관절사이를 사혈할 때 용이합니다.

- **타원부항컵**: 측면에서 사혈 시 어혈이 압력밸브를 차단하여 재사용이 어려운 점을 감안하여 압력밸브를 중에서 측면으로 옮겨 어혈이 반 이상 차여도 압력을 더 줄 수 있게 제작되었습니다. 또한 곡을 중, 소형에 $0.5cm \sim 0.3cm$로 주었기 때문에 굴곡진 자리에 밀착력이 매우 좋습니다.

- **자가부항컵**: 압력 밸브가 측면에 있어 자신의 몸에 사혈하는데 매우 효과적입니다. 측면 사혈 시 어혈이 압력 밸브를 차단하지 않아 압력 조절에 자유로운 장점이 있습니다.

- **피부차단 부항컵**: 늘어지는 피부를 위해 부항기 속으로 피부가 빨려 들어가지 않도록 Y자형으로 되어 있는 피부 차단망이 피부를 차단함으로 진공압력에 피부가 아닌 어혈이 빨려나오게 됩니다. 뿌리혈과 위장혈에 적합합니다.

- **실리콘(대형, 소형)**: 혈자리에 밀착이 어려울 때 실리콘과 부항기를 이용합니다. 주로 머리나 관절부위(발목, 무릎)에 유용합니다.

🔔 사혈 직전 참고 사항

- 바세린이나 크림을 바르고 마사지 후 사용
- 부항 컵 주위에도 크림을 바르고 사용(뗄 때 통증 완화)
- 거품이 날 때 컵 주위에도 크림이나 유지방을 바르고 사용
- 어혈이 뻑뻑할수록 압력을 세게 걸지 마세요!
- 눈에 보이는 혈관을 찌르지 마세요!
- 사혈 시 두려움을 먼저 없애 줍니다.
- 부드럽게 혈자리를 집어주면서 최대한 예의를 지킵니다.
- 어혈이 안 나온다고 필요이상 너무 많이 찌르지 않습니다.
- 내가 아닌 상대를 기준으로 모든 감각을 적용하세요!
- 통증을 참기 위해 근육이 경직될 수 있으니 사침은 천천히!
- 스트레스 정도에 따라 근육이 경직이 다를 수 있습니다.
- 사혈 전 후에 과다한 힘을 쓰면 몸살이 날수도 있습니다.
- 체력에는 반드시 개개인마다 차이가 있습니다.
- 사혈의 순서가 가장 중요합니다.
- 명현 반응에 대한 사전 교육 필수!
- 조혈식품에 대한 사전 교육 필수!

🔔 사혈 실습 중 나타나는 현상

- **사침 시, 멍 자욱이 생기는 현상:** 혈관이 막힌 지가 오래되어 근육이 경직된 곳은 사침 시 멍 자욱이 오래 남습니다. 하지만 꾸준히 사혈하여 혈관이 열리고 온도가 올라가고 근육이 이완이 되면 멍 자국은 남지 않습니다.

- **부항기에 거품이 나오는 현상:** 사혈을 하다 보면 컵 안쪽에 미세한 거품이 생기는 것을 볼 수가 있습니다. 이것은 장 기능이 원활하지 않아 피부가 건선인 경우 부항컵과 피부와의 틈으로 미세한 공기가 들어오는 현상입니다.

- **부항기에 습기가 생기는 현상:** 사혈 중에 컵의 내부에 습기가 차는 것을 보게 되는데 이것은 컵 안팎의 온도 차이에 의해서 생기는 것입니다. 어혈이 뻑뻑하여 두 세 차례 사혈을 하는 중에 어혈이 혈관을 막을 때 온도가 떨어지고 실내의 온도차가 발생하면서 습기가 생기게 됩니다. 컵을 떼고 사혈 부위에 손을 대보면 냉한 기운은 누구나 느끼게 됩니다.

- **우윳빛 어혈이 나오는 현상:** 사혈 중 2번, 3번 자리에 사혈을 하다보면 우윳빛 어혈이 나오는 경우를 드물게 보게 됩니다. 이는 비만이 심한 경우에 특히 혈관이 퇴화되고 섬유질화 된

이후, 산화과정에 의해서 녹아내린 유지방이 나오는 것으로 사혈 중 간혹 보게 됩니다.

- **사침 자리에 물집이 잡히는 현상:** 부분적으로 어혈이 쌓인 지가 오래된 곳은 산도가 높아져 있어서 피부가 물러지는 현상으로 압을 세게 당기거나 오래 놔두면 피부가 물러져서 물집이 잡히게 됩니다. 이럴 때는 핀으로 살짝 물집을 터트리고 솜으로 지긋이 눌러주면 염증이 생기지 않고 아물 수 있습니다.

- **생혈도 어혈도 나오지 않는 현상:** 시골에서 오랫동안 농사일을 하신 어르신들의 복부, 허벅지 등을 사혈해 보면 혈질이 완전히 굳어져 있어서 피한방울도 나오지 않고 바로 굳어 버리는 경우를 보게 됩니다. 이럴 때는 사혈 전 처방과 사혈할 부위의 온도를 높여주거나 마사지를 통하여 나와 준다면 시간이 걸리더라도 소통의 결과를 확인할 수 있게 됩니다.

- **두세 차례 사혈 후 모공이 유난히 크게 자리 잡는 현상:** 혈질이 중산을 넘어 강산의 상태에 이르면 섬유질화 된 어혈로 사혈 부위의 모공이 유난히 커 보이는 것을 보게 됩니다. 이럴 때는 어혈을 녹이는 한약을 적용한 후에 사혈해야만 덜 고생할 수 있습니다.

- **사혈자리가 도톰하게 뭉쳐서 펴지지 않는 현상**: 두통혈을 사혈하다 보면 볼록한 상태로 있는 것을 보게 됩니다. 질긴 어혈이 억지로 모여진 상태라서 그렇습니다. 이때에는 손바닥을 이용하여 지긋이 눌러주듯이 펴주는 것이 효율적입니다.

- **휴식기를 가진 후에 해당 자리에 유난히 솜털이 많이 나오는 현상**: 장기간 사혈하고 휴식기를 거친 후 해당 혈자리에 유난히 솜털이 자라난 것을 보게 됩니다. 사혈이 충분히 되지 않아 나타나는 현상으로 체세포가 숨을 쉬기 위해 모공의 솜털을 밀어내어 소통하고자 하는 행위입니다. 다시 사혈하여 혈관이 충분히 열리면 솜털은 더 이상 많이 나지 않습니다.

- **휴식기를 가진 후에 해당 자리가 검게 자리 잡은 현상**: 넘어진 상처의 흉터가 오래도록 검게 유지 되는 것은 그 부위의 세포가 정상적인 분열을 하지 못했다는 반증입니다. 이와 마찬가지로 사혈이 충분히 이루어지지 않은 상태로 놔두면 세포분열이 정상적으로 이루어지지 않아 어두운 상태로 남아있게 됩니다. 하지만 혈관이 열리고 세포분열이 원활하게 이루어지면 말끔히 없어지게 됩니다.

- **사혈 후에 부항컵 안에 어혈이 달라붙는 현상**: 어혈이 컵에 달라붙는 현상은 혈관이 막힌 지가 오래되어 혈질이 바뀌고 산화되어 포화도가 높아진 푸딩형태의 어혈에 의해서 발생됩

니다. 이는 어혈덩어리 내부의 산소 포화도와 밀도가 높아진 상태의 어혈이어서 컵의 내부에 밀착된 형태로 달라붙어 있게 된 것입니다.

🔔 사혈 시 위생 사항

- 사혈 핀은 반드시 일회 사용을 원칙으로 합니다.
- 사혈 시에는 솜(탈지면)을 사용하도록 합니다.
- 사혈 전 후 사혈부위는 위생을 위하여 청결히 소독하도록 합니다.
- 사혈을 할 때는 손을 청결히 하고 위생장갑을 착용하며, 주변을 항상 깨끗이 하도록 합니다.
- 각 회원마다 개인용 부항기를 사용하도록 합니다.
- 실습 후 발생한 결과물은 본인이 수거하여 폐기합니다.
- 사혈봉은 과산화수소로 닦을 경우 부식의 우려가 있으므로 사용하지 않습니다.
- 사용한 사혈컵을 소독할 때에는 고무꼭지를 떼어내고 물로 깨끗이 세척한 후 끓는 물에 소독하거나 알코올을 이용하여 닦아줍니다.

🔔 사혈 시 금기사항

첫째, 초·육식성 동물 고기를 먹지 말아야 합니다.
둘째, 운동을 자제해야 합니다.
셋째, 사우나 사용을 자제해야 합니다.
넷째, 생식을 자제해야 합니다.
다섯째, 술을 삼가야 합니다.

- **초·육식성 동물 고기를 먹지 말아야 하는 이유:** 우리 몸의 정상체온은 36.5℃입니다. 예를 들어서 소기름은 포화지방으로 체온이 섭씨 40℃가 넘어야 풀어집니다. 따라서 소기름은 인체에 들어오는 대로 혈관벽과 모세혈관에 끼여 피의 흐름에 장애를 줍니다. 이로 인해 피의 유속이 느려지게 되면 혈액 속 산소가 부족해지고, 산소가 부족해지면 몸이 무겁고 쉽게 피로해 활동을 적게 하게 되고 활동을 적게 하면, 영양분은 에너지로써 승화되지 못하고 인체에 쌓여 피의 흐름을 막는 악순환으로 이어집니다. 그래서 비만, 당뇨, 고혈압, 중풍, 치매의 발병 원인이 됩니다.

- **운동을 자제해야 하는 이유:** 운동을 하게 되면 어혈이 빨리 내려오기 때문에 가벼운 운동정도로 멈춰야 합니다. 특히 마사지 벨트의 경우처럼 진동을 주어 눈사태를 유발하는 운동기구는 절대 사용하지 말아야 합니다.

- **사우나 사용을 자제해야 하는 이유:** 찜질방이나 사우나 같은 곳에서 땀을 너무 흘리게 되면 수분 배출로 염분 농도가 묽어져 고열이 발생할 수 있기 때문입니다.

- **생식을 자제해야 하는 이유:** 생식을 하게 되면 화식 보다 불완전요소인 독성이 더 발생하여 체내에 유입되어 해로움을 줄 소지가 있습니다.

- **술을 삼가야 하는 이유:** 사혈을 하는 동안에는 금주를 하는 것이 좋습니다. 술을 마시게 되면 몸속에 산소부족이 오고 산소부족은 심장을 빨리 뛰게 하는 원인이 됩니다. 심장이 빨리 뛰면 피의 압력이 높아져 묽은 어혈이 이동하여 엉뚱한 곳을 막을 수 있습니다. 이러한 비중은 약하긴 하지만 만약을 위해서 사혈하는 동안은 금주를 하시는 것이 안전합니다. 특히, 2-3-6-8번 혈을 사혈하고 중산해독을 적용하고 계시는 경우에는 술을 경계해야 합니다. 사혈로 인해 간 기능이 활성화 되고, 중산해독이 적용되게 되면 알코올 해독기능이 작용하여 평소보다 2-3배 정도 많은 양의 술을 마셔야 술이 취하게 됩니다. 술이 취하지 않는다고 절제하지 못하고 많은 양의 술을 마시게 되면 간에 무리를 주기 때문에 간의 기능 저하는 피할 수 없습니다.

🔔 사혈 시 주의사항

- 책의 내용을 충분히 이해한 다음 시작할 것
- 눈에 보이는 혈관은 찌르지 말 것
- 사혈의 위치를 임의로 이동하지 말 것
- 어혈이 잘 나온다고 욕심을 내어 단번에 빼려 하지 말 것
- 아픈 곳 위주의 사혈로 무분별한 사혈이 되지 않도록 할 것
- 조혈에 대한 충분한 조치를 하고 시작할 것
- 보사의 균형과 기본사혈에 대한 중요성을 충분히 인식할 것

🔔 어혈이 있는 곳 찾는 법

- **주변보다 온도가 차갑다**: 혈관이 막혀서 따뜻한 피의 순환이 잘 되지 않기 때문에 차가운 것은 당연합니다.
- **주변보다 피부색이 검다**: 세포의 평균수명은 45일입니다. 피부색이 주변보다 검다는 것은 노후세포가 많다는 것을 의미합니다. 이렇게 된 이유는 혈관이 막혀 영양 공급이 제대로 되지 않아 세포가 2세를 만들지 못해서 오는 현상입니다.
- **모공이 유난히 크다**: 모공이 크다는 것은 평소 땀이 많이 나는 곳이란 증거입니다. 땀이 많이 나는 곳은 평소 차가운 곳으로, 피부가 차가운 것은 더운 피가 적게 돌았다는 것을 의

미합니다. 피가 적게 돈다는 것은 어혈이 혈관을 막고 있기 때문입니다.

- **피부가 경직되어 있다:** 피부가 경직된 직접적인 원인은 산소부족으로 세포가 질식해 있기 때문입니다. 또한 혈액과 어우러져 공급되는데, 피가 못 돌면 산소공급이 안 되는 것은 당연합니다.

- **부분적으로 뾰루지나 기미, 저승꽃이 많이 있다:** 뾰루지가 생겼다는 것은 염증이 자리를 잡았다는 증거입니다. 염증 균을 잡아먹는 것은 백혈구인데, 혈관이 막혀 백혈구가 접근할 수가 없게 된 것입니다. 혈관이 막힌 이유는 어혈이 원인으로 뾰루지가 난 곳은 어혈이 있는 곳 입니다.

- **주변보다 습기가 많다:** 습기가 많은 곳은 피부온도가 차가운 곳입니다. 피부가 차가운 이유 또한 혈액이 원만하게 돌지 못해서 그렇고, 피가 못 돌게 된 이유는 어혈 때문입니다.

- **몸에 솜털이 유난히 검게 많이 자라 있다:** 솜털이 유난히 많이 자란 곳은 어혈이 혈관을 막아 체세포가 피부호흡을 하지 못하여 체세포 스스로 숨통을 트기 위해서 솜털을 밀어내어 산소공급을 원활히 하는 본능적 행위입니다.

🔔 기본사혈 순서

건강한 사람을 10으로 보았을 때, 2정도의 건강을 가지신 분을 기준으로 한 설명입니다. 어느 정도 건강하신 분의 경우 아래를 참고하시기 바랍니다.

첫째, 2-3-6번 혈을 사혈을 하시면서 6번 혈에서 어혈 반, 생혈반 정도로 어혈이 나오면(사혈의 양은 대개 컵 안에 공기압으로 올라온 피부를 덮을 정도의 높이는 되어야 함) 8번 혈로 갑니다.

둘째, 2-3-8번 혈을 사혈하여, 8번 혈에서도 어혈 반, 생혈반이 나오면(이때 까지도 거의 모든 분은 2-3번 혈은 그렇게 많이 나오지 않을 것임) 6번과 8번을 격주로 사혈하는 과정으로 갑니다.

셋째, 격주로 2-3-6번 혈, 2-3-8번 혈을 번갈아가며 사혈을 하면서 마무리를 하면 됩니다.

6-8번 혈의 경우 양쪽의 편차가 심하여 한쪽이 기준한 만큼의 생혈이 나온다면, 그곳의 사혈은 중지하고 잘 안 나오는 쪽만 사혈하는 센스를 발휘하길 바랍니다.

각 혈자리마다 사혈을 마칠 시기는 15회 정도 사침해서 사혈기로 압을 걸었을 때 20초 이내에 반 컵이 고일 정도의 속도로 피가 나올 때까지, 또는 솜으로 닦았을 때 솜이 못 빨아들이는 피가 없을 때까지 입니다. 그런 후, 아픈 부위를 사혈하면 됩니다. 하지만 원칙은 위의 순서대로 하더라도 3개월 동안 사혈을 했으면 반드시 3개월 동안 휴식기를 가져야만 피 부족에 덜 노출될 수 있습니다.

● **참고사항:** 2-3번 혈은 어혈이든 생혈이든 잘 나오는 곳이 아닙니다. 어쩌다가 두 곳(한 곳 이라도)에서 잘 나온다면 잘 나오는 혈자리를 5컵에 연연하지 말고 더 빼주는 것이 좋습니다. 이 경우 6-8번 혈은 생략하시는 것은 당연합니다.

🔔 기본사혈 자리 잡는 방법

● **2번 혈(위장혈)**

위치: 명치인 급소와 배꼽 사이의 중간지점

효능:

① 위장병, 위염, 속 쓰림, 위하수, 식욕부진과 같은 각종 위장병

② 체기로 가슴이 답답하거나 두근거리고 불안하고 초조할 때

체험응용:

① 위경련, 급체 시의 경우: 30번-2번 혈을 동시 사혈

② 위산과다: 위산과다는 간 기능 저하의 합병증으로 보기 때문에 8번 혈(신간혈)을 추가 사혈

기타사항:

① 각종 위장 질환 한 가지만을 놓고 볼 때는 위장 쪽으로 들어가는 혈점은 30번 혈(급체혈), 위장을 거쳐 나가는 쪽 혈점은 2번 혈(위장혈)이기 때문에, 2-30번 혈을 동시에 사혈하여 주면 치유 호전 반응이 빠르다.

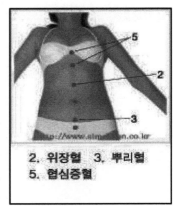

2. 위장혈   3. 뿌리혈
5. 협심증혈

② 사람마다 천차만별이지만 대체적으로 인내심을 필요로 하는 사혈점이다. 원하는 만큼 어혈이 잘 나오지 않기 때문에 꾸준한 노력이 필요한 혈이다.

● **3번 혈(뿌리혈)**

위치: 배꼽과 치조골을 기점으로 배꼽 쪽에서 60% 아래 지점

효능:

① 설사, 변비, 기미, 저승꽃, 마른사마귀 등
② 쥐젖, 물 사마귀, 티눈 등

체험응용:

① 검은 피부를 치유할 경우: 2-3-6번을 사혈하면 피부가 희어지고 맑아진다.
② 고혈압, 중풍, 치매의 예방할 경우: 2-3-6-8번을 사혈
③ 다양한 폴립을 제거할 경우: 3-8번을 사혈만으로 떨어져 나가는 경우도 많지만, 그 위치가 목에 있다면 3-8번 사혈을 마친 후

4-18번 혈, 위장의 내부라면 2-30번 혈, 대장이라면 51-29번 혈을 추가적으로 사혈

④ 쥐젖, 물 사마귀, 티눈 등: 소장과 신장 기능 저하의 합병증이기 때문에 3번 혈(뿌리혈)과 8번 혈(신간혈)을 동시에 사혈

특징:

몸 앞부분의 상하 혈행의 중심이 되는 혈자리입니다.

기타사항:

① 2번 혈인 위장혈과 마찬가지로 사혈했을 때 나오는 어혈 량이 대체적으로 느리게 나오기 때문에 많은 인내심을 필요로 합니다.

- **6번 혈(고혈압혈)**

위치: 골반뼈 상단 약1cm 위 지점이면서 요추 좌우로 약5cm 지점 (등근육의 높은 지점)

효능:

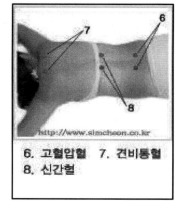

① 고혈압

② 만성피로, 허리통증

③ 허벅지 당김, 하체빈약

④ 뒤꿈치 굳은살

체험응용:

① 혈압, 편두통을 치유할 경우: 6번 혈을 사혈

② 요통을 치유할 경우: 6-14번 혈을 사혈

③ 만성 피로나 하체빈약 체질의 경우: 6번 혈을 사혈

④ 어린아이 키 크는 목적의 경우: 6-14번 혈을 사혈 한 다음, 뇌파를 활성화 시킬 목적으로 1-9번 혈을 추가 사혈

특징:

① 몸의 뒤쪽을 운행하는 혈행의 중심이 됩니다.

② 혈압이 오르는 순간에도 이곳을 사혈하면 혈압이 떨어질 정도로 중요한 혈입니다.

③ 인삼, 녹용, 꿀 등을 먹고 상열이 되는 사람도 고혈압혈을 사혈하고 압력이 내려가면 전처럼 상열이 되지 않습니다.

기타사항: 고혈압 약을 섭취 중인 혈압이 심한 사람은 처음부터 약을 끊지 말고 6번 혈에서 생혈 반, 어혈 반 나올 때 서서히 줄이도록 합니다. 응급 상황에 대비해서 혈압약은 항상 가지고 다니도록 합니다.

● **8번 혈(신간혈)**

위치: 7번 혈과 6번 혈을 미리 잡은 다음, 7번 혈에서 아래로 60% 지점

효능:

① 신장과 간 기능이 떨어져서 오는 상태

② 몸이 붓는 상태, 비만, 만성피로, 신부전증 초기

③ 혈액 속 요산과다, 지방간, 간염, 단백뇨

④ 몸에 푸른빛이 나는 상태, 등이나 얼굴에 뾰루지나 각종 피부병 백선

체험응용:

① 우리 인체는 세균이나 바이러스 침투 시 항체 활동으로 인해서 고열이 나는데, 해열 하는 방법은 아래와 같습니다.

첫째, 죽염수 섭취로 혈액 속 염분농도를 높여 줌으로서 침입 세균과 바이러스를 무기력하게 하는 방법

둘째, 요산 해독제 또는 강산 해독제를 섭취하여 피를 맑게 하여 혈액 속의 함유량을 높여주어 백혈구의 면역 기능을 향상 시켜주는 방법

셋째, 8번 혈(신간혈)을 사혈하여 신장 기능자체를 호전시키는 방법

이상과 같이 3가지 사혈 방법을 동시에 이용한다면 세균과 바이러스 침투에 의한 고혈이 발생했을 때, 매우 뛰어난 해열 호전반응이 나타납니다.

② 양약을 5가지이상 3년 정도 장복한 사람이라면 이미 조혈 기능이 떨어진 사람으로 판단합니다. 따라서 전문가의 지시를 받으며 보사의 균형을 맞추기 위하여 진액, 철분제, 죽염수 등을 양에 맞게 섭취하면서 사혈을 하는 것이 안전합니다.

③ 신장과 간 기능이 많이 떨어져서 혈액성분이 강산성으로 바뀌어 복수가 차고, 통풍성 요산통이 오고, 말초모세혈관이 터지고 팽창될 정도로 악화되어 있다면, 진액을 섭취하기 1시간 전에 강산해독제를 섭취한 다음 진액을 섭취해야 치유 효능이 높습니다.

특징:

① 신장과 간의 기능이 호전되는 혈자리로, 신장과 간의 기능은 피 전체를 오염시키느냐, 맑게 유지하느냐 하는 건강의 핵심 장기 입니다.

② 인체 구조상 어혈이 비교적 잘 나오는 혈자리입니다.

기타사항:

① 신장과 간 기능 저하의 상태에는 요산해독의 적용과 중산해독의 적용을 하면서 사혈을 하면 효율성이 높습니다.

② 만성질환자라면 철분, 염분, 영양분 등을 섭취하여 보사의 균형 을 지켜야만 합니다. 그 이유는 피부족으로 인한 부작용이 나타 날 가능성이 많은 혈자리이기 때문입니다.

③ 생혈과 체력손실이 많은 사혈점이기 때문에 주의해야 합니다.

🔔 사혈 시 죽염수 섭취가 필수인 이유

첫째, 염분은 우리 몸에 꼭 필요 하지만, 소금 속에 있는 간수 성 분 때문에 일반적으로 소금은 해로운 것으로 알고 있습니다. 그러 나 우리 몸에서 소금은 꼭 필요한 없어서는 안 될 필수 성분이며, 특히 죽염은 고온에서 간수를 제거 하였으므로 순수 염분만 섭취할 수 있도록 만든 것 입니다.

둘째, 심천사혈요법의 특성상 사혈을 하면 필연적으로 어혈이 빠져 나온 빈 공간만큼 혈액 속 염분 농도가 떨어지기에 염분보충은 필수입니다. 혈액 속에 염분 농도가 떨어지면 외부 침입 세균이 혈액 속에 침투하기 유리한 조건이 됩니다. 반면에 백혈구는 힘을 쓸 수 없는 조건이 되기에 침입균이 침투하여 백혈구와 싸움을 하면 고열이 나거나 염분 부족으로 허열이 발생하여 질병을 이기는 내성이 약해지기 때문에 순수 염분 보충을 위하여 만든 것입니다.

🔔 사혈에 있어서 휴식기의 중요성

- 병원에서는 피의 부족을 헤모글로빈 수치가 많고 적음으로 판별하지만, 심천사혈에서는 피의 빛깔을 보고 헤모글로빈 수치와 요산의 함유량을 판별합니다. 즉 피의 빛이 진하고 옅음의 상태, 노란빛의 함유 상태, 그리고 후각을 이용해서 90%까지 진찰을 하고 있습니다. 하지만 일반인은 이것이 어렵기 때문에 자신의 느낌으로 기준을 정해야 합니다 .

- 사혈로 인해서 피부족이 오면 1차적으로 얼굴에 노란빛이 납니다. 이때까지는 일상생활을 하는데 큰 무리는 없습니다. 그 다음 얼굴에 핏기가 없이 백짓장처럼 희어지는데, 이때가 되면 계단이나 오르막을 오를 때 숨이 차고 귀울림 현상이 나타납니다. 이 상태가 되면 영양제와 철분제를 맞고 사혈을 중단

해야 합니다.

- 책의 기준대로 사혈을 했다면 보통 기준으로 4~5개월 정도 일주일에 한 번씩 사혈을 꾸준히 했을 경우 귀울림이나 숨이 차는 현상이 옵니다. 그렇기 때문에 이러한 현상이 오기 전 3~4개월 정도 사혈을 하고 2~3개월 정도 쉬었다가 혈액 보충이 되면 다시 하는 것이 좋습니다.

- 현대의학은 피의 성분학적 통계수치와 육체가 느끼는 만성피로 두통의 정도를 기준하여 정의를 내리는데 여기에는 빠진 부분이 있습니다. 헤모글로빈 수치의 저하가 만성피로와 두통을 좌우하지만 그 보다 더 큰 비중은 피의 흐름에 있습니다. 이 증거는 사혈을 하면 일시적으로 헤모글로빈 수치는 더 떨어지는데도 만성피로나 두통은 현저히 줄어든다는 데 있습니다. 일반적으로 각자의 느낌으로 계단을 오를 때 숨이 가빠지는 상태가 오기 시작하는 것을 기준으로 휴식기 시점을 정하면 됩니다.

- 명현현상은 피가 모자라서 오는 경우와 허약해서 오는 경우 그리고 혈관에 피의 압력이 높아지는 경우에 나타납니다. 하지만 사혈로 인한 일시적으로 발생한 모든 상태는 사혈을 끝낸 후 2~3개월이 지나 혈액이 보충되면 자연히 없어집니다.

🔔 휴식기 관련 참고사항

계단을 오를 때 숨이 찬다거나, 귀울림이 있거나, 피곤하거나, 가슴이 뛰고 안색이 누렇다면, 사혈을 중지하고 조혈의 도움이 되는 조혈식품을 반드시 섭취하며, 다음 사혈 시 까지 약 3개월 정도나 그 이상 휴식을 가져야합니다. 영양분(고단백 불포화), 염분, 철분, 해독, 기타 조혈에 대한 충분한 조치를 취하면 됩니다.

● 휴식 간격

보통 일반적인 휴식기는 3개월 사혈 후 3개월 휴식기를 가지게 됩니다. 하지만 조혈 기능에 따라서 1~2개월 사혈 후 4~5개월 휴식기를 가져야 하는 경우도 있기에 조혈에 대한 조치에 따라서 사혈의 휴식기는 달라질 수 있게 됩니다.

● 휴식기에 조혈식품을 적용해야 하는 이유(해독, 염분)

사혈의 휴식기는 조혈의 작용으로 다시금 정상의 조건으로 만들고자 하는 이유가 있는데 휴식기에도 조혈식품을 적용해야 하는 이유는 만병의 근원이 신장 기능 저하에 있기 때문입니다. 8번 혈(신간혈)의 완벽한 사혈이 이루어지기 전에는 해독을 통하여 혈액의 맑기를 유지하여 영양과 의 충분한 뒷받침이 되어야만 부족한 혈액을 안정적으로 빠르게 보충하게 되기에 해독제를 꾸준히 적용하는 것입니다.

염분의 적용 또한 피부족으로 인하여 인체의 면역력이 저하됨을 우려하며 지속적인 염도의 적용을 통하여 세균성에 대한 저항력을 키워주기 위한 방편으로 염분을 보충하게 됩니다. 적정 염도를 유지시켜 줌으로써 백혈구의 세균에 대한 대항력도 키워주고 세균 또한 자리 잡지 못하게 하는 역할을 하여 허열에 대한 보상 작용을 하고자 휴식기에도 죽염을 섭취 하게 됩니다.

● 휴식기의 몸 관리에 있어서 운동(등산, 마라톤), 찜질방, 사우나, 술, 초·육식 동물(포화지방), 날 음식 자제

충분한 사혈이 이루어지지 않은 가운데 휴식기를 안정되게 보내지 않으면 휴식기 동안 눈사태 현상이 발생될 수 있습니다. 눈사태 현상이 발생하게 되면 몸이 힘들기 때문에 사혈을 하게 되는데 이는 습관성 사혈로 이어져 피부족 현상을 겪을 가능성이 더 높아질 수도 있습니다.

특히 운동은 몸 전체에 주는 영향력을 보더라도 무리수를 주는 운동은 삼가하고, 특히 음주를 하게 되면 휴식기에 산소부족으로 체내 압력이 높아질 수 있으므로 조심해야하며, 초·육식성 동물은 포화지방으로 체내에서 역효과적인 작용을 하기에 자제를 하도록 권하고 있습니다.

● 휴식기 이후에 눈사태로 인한 혈류량 재확인 사혈(6-8번 혈)

휴식기 3개월을 지난 후에 다시금 기본사혈의 순서에 입각하여 진행을 하더라고 해당 혈자리의 혈관이 열렸는지 책에서 기준한 만큼 사침하여 혈류량을 확인을 해 보는 것이 좋습니다.

보통은 휴식기를 거치고 나면 다시금 혈관이 막혀 있는 것을 보게 되는데 다시 기초공사를 해야만 하는 경우를 보게 됩니다. 이는 아직 어혈이 충분히 적출(摘出)되지 않았고 빈번한 눈사태로 인하여 생혈 반, 어혈 반 나올 때 까지 지속적인 사혈을 요하는 상황을 인지하게 됩니다.

● 휴식시간을 가져야 하는 이유(조혈의 보충, 세포의 재생, 눈사태 영향, 습관성 사혈)

초보 사혈을 하시는 경우 실수하게 되는 부분이 휴식기를 충분히 가지지 않고 대충 짐작 사혈을 하다가 피부족의 상황에 봉착하여 진퇴양란에 빠지는 경우를 보게 됩니다.

휴식기를 벌어주어야 하는 것은 혈액이 충분히 채워지기를 기다려 주는 것이지만 그로 인하여 체세포가 분열을 통하여 사혈 이전보다 더 좋아진 상태를 만들어야 하는 이유입니다.

하지만 혈액이 충분히 보충이 되지 않은 상태로 다시금 사혈을 하다보면 헤모글로빈 수치가 금방 떨어지게 되어 체세포 분열이 이루어지지 않아 답답한 상태로 효과적인 사혈의 결과를 이끌어 내지 못하는 경우가 생기기도 합니다.

🔔 사혈은 언제까지 하면 되는가?[2]

심천사혈은 말초 모세혈관을 막고 있는 어혈을 몸 밖으로 빼내서 피를 잘 돌게 하는 것이 주된 목적입니다. 따라서 사혈을 할 경우 언제쯤 개선반응이 나타나고 언제 사혈을 마칠 것인지는 아래를 참고하여 판단하시면 됩니다.

- 통상적으로 어혈과 생혈의 구분은 사혈 후 솜이 빨아들이는 혈액을 생혈로 기준하여 솜이 빨아들이지 못하는 덩어리 혈액을 어혈이라고 합니다.

- 사혈 시 반 컵이 나오는 상태를 기준으로 하여 솜이 빨아들이는 생혈의 퍼센트(%)가 사혈로 인해서 새로운 혈관이 열렸다고 판단합니다.

- 사혈 마지막 컵 기준, 반 컵이 나오는 기준으로 솜이 빨아들이는 혈액의 양이 30% 정도에서 개선반응이 나타나며, 40~50% 정도면 본격적인 회복기로 접어들었다고 진단하고, 70%정도 나오면 사혈을 끝냅니다. 경우에 따라서 1~2회의 사혈만으로도 개선반응이 나타나는 증세도 많지만 전체적으로 보면 30%정도 새로운 혈관이 열리면 회복이 시작되고, 70%의 혈관이 열리면 사혈을 마쳐도 된다고 보면 됩니다.

🔔 사혈의 적정량은 얼마인가?

사혈의 양은 사람에 따라 천차만별이나 대체로 30~50대의 건장한 장년을 기준으로 삼아, 1호 컵으로 압을 걸어 어혈이 2/3정도의 상태로 보일 때를 기준으로 하면, 1호 컵의 반이거나 반이 채 안되므로 이것을 기준하여 주1회 20컵을 넘지 않아야 합니다. 또한, 사혈을 하는 사람은 건강이 나빠서 하는 것이므로 조혈기능이 대체로 약화되어 있습니다. 혈액의 생성은 정상적일 경우 1일 약 $50cc$로 생성된다고 보면 됩니다. 그런데 사혈을 하다보면 의외로 잘 나오지 않고 애를 먹이며 2~3개월 하던 혈자리에서 갑자기 어혈이 많이 나오는 경우가 있습니다. 이러한 경우에 나오는 대로 어혈을 제거하게 되면 피가 부족하게 되기 때문에 정해진 어혈 양대로 20컵을 넘지 않도록 합니다.

🔔 사혈을 해도 피가 안 나올 때는 어떻게 하는가?

사혈을 시도해도 어혈이 안 나오는 경우가 있습니다. 보통 10명 중 3명 정도는 안 나오는데, 이런 경우는 어혈이 그곳에 쌓인 지가 오래 되어 혈관이 퇴화되었거나, 어혈의 농도가 너무 걸쭉해서 나오지 못하는 것입니다. 좁쌀알처럼 까맣게 맺혀서 솜으로 닦으면 똘똘 말리고 맙니다. 그래도 꾸준히 반복하면 결국은 나오는데 그러기엔 너무 지칩니다. 어혈을 제거할 때 한 곳의 사혈자리에서 계속 5회를 시도하고, 하루건너 한 번씩 5회를 시도해도 어혈이 안 나오면, 어혈이 분해되어 묽어지게 하는 한약처방을 받아서 20일 정도를 섭취한 후에 사혈을 합니다. 그러면 어혈의 농도가 묽어져서 나옵니다.

이 경우 기존 한의학 처방은 한약재만의 처방을 하지만, 심천생리학은 어혈불림과 체력의 보강이 보완되어야하기 때문에 붕어, 염소, 식용개구리, 뱀장어, 오리 등을 한약과 함께 처방하는 점이 다릅니다. 체력보강에 있어서는 염소나 식용개구리 등을 응용하고 어혈불림에 대해서는 불포화지방인 붕어, 오리, 뱀장어 등을 이용하는데 환자의 소화상태나 설사정도를 참고하여 정합니다. 소화불량과 설사 상태는 불포화 농도가 심할수록 강하고, 포화지방 쪽으로 가까운 성분은 설사 위험이 낮습니다.

이러한 한약 처방을 할 수 없을 때는 온열기구를 이용해서 사혈하고자 하는 곳을 따뜻하게 해 놓고 사혈하면 도움이 됩니다. 왜냐하면, 어혈은 지방질이나 단백질로 되어 있어서 온도가 오르면 묽어지고 온도가 내려가면 걸쭉해지는 성질이 있기 때문입니다.

🔔 피부족 상태를 쉽게 확인할 수 있는 방법

- 안색이 누렇거나 창백하게 보입니다.

- 숨이 차고 쉽게 가라앉지 않습니다.
- 상열감이 생기고 감정에 잘 동요됩니다.
- 소화불량, 두통, 변비, 무기력 등이 나타납니다.
- 귀울림이나 눈이 침침해 짐을 느낍니다.
- 피부가 가렵거나 트러블이 생깁니다.
- 피곤해 지거나 전신 무기력 증이 생기기도 합니다.
- 소변이 자주 마렵거나 잔뇨감이 생기기도 합니다.
- 손발이 차거나 부분적으로 더 습한 곳이 생깁니다.
- 손 · 발 · 두피에 정전기가 유난히 잘 발생합니다.

🔔 피부족 예방 방법

- 책의 기준에 맞게 정도사혈을 합니다.
- 사혈 후에는 충분한 휴식기를 가집니다.
- 조혈에 대한 조치를 충분히 취합니다.
- 조혈식품을 보조적으로 활용(죽염섭취 철저)합니다.
- 철분제 및 영양제를 잘 적용합니다.
- 고단백 식품을 적용합니다(개, 오리, 붕어, 장어, 다슬기액 등).
- 초·육식성 동물 고기, 술, 운동, 사우나, 날 음식은 자제하고 안정된 생활을 합니다.
- 명상을 통하여 몸과 마음을 편하게 하고 관찰하며 이치적인

사고력을 키워 나갑니다.

🔔 피부족 현상에 대한 고찰

신장과 간장 기능의 주된 저하로 인하여 인체 내의 중요한 역할을 하지 못하여 혈액의 환경이 바뀜에 따라서 체세포의 다양한 반응들이 여러 가지 형태로 나타나는데, 그 중에서 사혈의 보사균형이 흐트러짐에 따라 피부족으로 나타나는 현상에 대해서 살펴보고자 합니다.

신장 기능의 저하로 몸 전체의 산도가 높아지고, 부분적으로 막힌 곳의 산도가 더 높아진 상태에서 피부족이 야기됩니다. 이때, 전체적으로 운반능력이 떨어지면서 산도가 더 높아지게 됩니다. 그러면 를 더 부족하게 하여 불완전요소 물질들이 더 생성되어 매우 힘들게 피부족의 상황을 겪게 됩니다. 이러한 이유 때문에 피부족이 오기 전에 충분한 조혈의 조치와 더불어 안정되고 체계적인 사혈을 하는 것이 무엇보다도 중요합니다.

- 우선 가 부족하게 되면 몸 전체에 를 빠르게 공급하려는 인위적인 작용으로 심장의 박동 속도가 빨라지게 되며 그로 인하여 체내의 압력이 높아지게 됩니다.
- 압력과 관련된 부분으로 인하여 숨참, 안압통, 귀울림, 혈압, 부정맥, 상압, 두근거림, 불안감 등이 생길 수 있습니다.

- 혈액의 부족으로 무기력, 기억력 감퇴, 정력 감퇴, 소화불량, 변비, 두통, 가려움증, 화끈거림 등이 생길 수 있습니다.
- 냉증, 개기름, 없었던 통증 유발(이미 막힌 곳 확인), 입맛 없고, 식욕 감퇴, 시력저하, 피부트러블의 상황도 경우에 따라서 발생할 수 있기 때문에 충분한 조치에 따른 안정된 정도 사혈을 하도록 권하는 것입니다.

※ 이미 고혈압과 같은 질환이 있는 분들이 사혈을 하면 일반인들의 피부족 현상보다 더 좋지 않은 상황이 발생합니다. 특히 당뇨, 혈압, 고지혈증, 간, 신장(요산)등의 수치들이 더 올라갈 수 있습니다. 그렇기 때문에 최대한 조혈에 대한 조치를 충분히 취하면서 안정된 사혈을 해야만 피부족 현상을 극복할 수 있습니다.

※ 사혈을 지나치게 하면 초기 상태로 피가 부족하다는 예고를 해줍니다. 어떤 상태가 나타나는가?
1) 얼굴빛이 노랗고 창백해집니다.
2) 귀울림이나 북 치는 소리가 납니다.
3) 헤모글로빈 수치가 8이하로 낮아지면 호전 속도가 느립니다.
4) 숨이 차고 쉽게 가라앉지 않아 자율조절기능이 떨어집니다.
5) 안압이 차거나 가벼운 두통이 나타납니다.
6) 혈압, 당뇨, 고지혈증 등의 수치적인 기복을 줄 수 있습니다.
7) 손발 및 전신의 체온이 떨어집니다.
8) 무기력, 변비, 소화불량 등의 증상이 생길 수 있습니다.

9) 피부 트러블이나 개기름이 발생할 수 있습니다.

10) 이미 막혀있던 특정 부위에 없었던 증상이나 통증이 유발되기도 합니다(피부족을 겪는 과정의 몸 상태를 체크하는 계기가 되기도 합니다).

11) 염분이 부족하여 면역력이 저하될 수도 있습니다(미열 발생, 세균에 대한 저항력 감소).

12) 영양, 부족이 에너지대사 과정에 불완전물질을 생성하여 타는 듯한 냄새를 유발합니다.

🔔 눈사태 현상이란?

눈사태 현상이란 어혈을 제거하고 나서 짧은 시간 내(1~2일 이내)에 어혈이 제거된 자리에 어혈이 다시 내려앉는 현상을 말합니다. 사혈 후에 일정한 시간이 지나면 제거된 자리에 어혈이 서서히 내려앉는 것은 일반적인 현상입니다. 하지만 사혈 후, 다음 사혈을 1주일 후에 사혈하기로 계획을 세웠는데, 격한 운동을 했을 경우에는 어혈이 서서히 내려앉는 것이 아니라 빠르게 내려앉게 됩니다.

예를 들어, 허리가 아파서 6번혈(고혈압혈)을 사혈하여 임시적으로 통증을 완화시켰는데, 다음날 바로 격한 운동을 하게 되면 더 많은 어혈이 제거된 자리에 내려앉게 되어 사혈전보다 더 심한 통증을 느끼게 됩니다. 그렇기 때문에 사혈기간 중에는 절대로 격한 운동을 하지 말라고 하는 것입니다. 운동이외에도 어혈이 내려앉을 만한 사우나와 같은 것도 자제해 주시는 것이 좋습니다.

🔔 눈사태 현상과 피부족 현상의 구분

사혈을 하다 보면 피가 부족해서 나타나는 현상과 일시적인 눈사태 현상으로 인하여 나타나는 증상의 구분을 잘 하지 못하여 혼돈되는 경우가 생깁니다.

외과적인 통증이 있을 때 그 정도에 따라 다르긴 하지만 한 두 번의 사혈로 해소가 되지 못하고 눈사태 현상으로 인하여 다시금 통증이 생기기도 합니다.

이러한 경우 단기적 사혈과 장기적 사혈의 과정에서 피가 부족해서 온 경우라면 조혈에 대한 조치와 휴식기를 가지면 해당 통증 및 상태가 사라지게 됩니다. 하지만 휴식기를 가진 이후에도 통증이 사라지지 않는다면 해당 부위는 눈사태 현상으로 다시금 막힘으로 인하여 통증이 유발 된 것이기에 충분한 사혈로 소통을 하여 해당 문제를 잡아야 합니다.

피부족 현상으로 인한 증상은 말 그대로 다시금 피가 보충이 되면 사라지게 됩니다. 피부족 현상이 왔다고 하더라도 혹여 응급상황으로 심한 통증이 발생한 경우라면 눈사태 현상으로 인한 경우라고 생각하고 조혈에 대한 조치를 철저히 적용한 후 막힌 부분을 소통하는 것이 필요합니다.

🔔 통증에 대한 이해

우리 몸에 나타나는 통증은 다양한 형태로 나타나게 됩니다. 그 모든 작용은 환경과 처한 상황에 따른 체세포의 작용이 뇌로 전달이 되어 우리는 통증으로 느끼게 됩니다.

● **사침의 통증 구분**

사혈을 처음 하는 경우 사침을 하여도 통증을 전혀 느끼지 못하게 되는데 이는 어혈이 혈관을 막은 지 오래되어 체세포가 수면세포의 상태여서 인지하지 못한 경우입니다. 이러한 경우에는 지속적인 사혈을 통하여 혈관이 열리고 영양분과 가 공급이 되면 체세포는 다시금 통증을 느끼게 됩니다.

경우에 따라서 아주 심한 통증을 느끼는 경우가 있는데 이는 어혈이 혈관을 다 막은 것이 아닌 과민반응 상태의 체세포가 느끼는 강한 통증입니다. 특히 하루 중에 인체의 발바닥은 가장 많은 스트레스를 받게 됩니다. 그만큼 혈질이 질기기도 하지만 매일 체세포가 강한 스트레스를 받고 있는 곳이라 한 번의 사침으로도 강한 전류가 흐르는 통증을 느끼게 됩니다. 하지만 아무리 강한 사침의 통증이 있더라도 충분히 어혈이 나와 주어 환경이 안정이 되면 언제 그랬냐는 듯이 일반적인 가벼운 통증으로 바뀌게 됩니다.

● 사혈 중 나타나는 통증

사혈 중에 자주 볼 수 있는 상황으로 한쪽 어깨가 아파서 사혈을 하였는데 반대쪽 어깨가 아프다고 하는 경우를 보게 됩니다. 왼쪽은 50%, 오른쪽은 60%의 혈관이 막혀 통증이 있다고 볼 때 사혈 전에 오른쪽 어깨가 아파서 오른쪽 어깨를 사혈하여 통증이 완화되면 잠시 후에 왼쪽 어깨가 아프다고 합니다. 우리는 여러 곳이 아파도 그중에 제일 통증이 심한 곳만 인식하게 되어 있기에 제일 아픈 곳이 해결 되면 두 번째 아픈 곳을 제일 아픈 곳으로 인지하게 되는 현상입니다.

● 일반적인 통증 구분

- 늘어나지 않는 근육을 강제로 늘리면서 나타나는 통증
- 혈액순환이 되지 않아 체세포가 인위적으로 소통을 시키려는 목적으로 신경선을 합선 시켜서 오는 통증
- 특정 부위의 산도가 높아져서 체세포를 녹이면서 오는 통증
- 강한 타박상이 동반되어 해당 부위의 산도가 더욱 높아져 북치는 듯한 욱신거리는 통증

● 저리거나 마비로 오는 통증

팔다리가 저리거나 마비가 오는 이유는 해당 부위로 의 결핍으로 나타나는 현상인데, 오래 앉아 있을 때 다리 쪽으로 순환이 되지

않아 공급이 되지 않으면 쥐가 나게 됩니다. 위장, 소장, 대장이 경직되어 쥐가 나거나, 다리에 쥐가 나거나, 심장에 쥐가 나거나(심장마비)하는 경우는 산소결핍으로 근육의 경직이 동반된 상황이기에 일시적인 소통만으로도 쥐가 나는 것을 풀어낼 수가 있습니다.

체했을 때 손가락만 따주어도 가벼운 체기는 내려가는 이유가 모든 혈관이 연결되어 있기 때문입니다. 한쪽이 막혔을 때 일시적으로 소통을 시켜주어 보일러의 공기를 빼내주어 온도를 높여주듯이 우리 몸 전체의 순환을 도모하면서 마비(막히거나 경직되어 쥐가 난 부분)가 풀어지게 되는 원리와 같습니다.

🔔 사혈순서를 지켜야만 하는 이유

순서를 안 지키고 지나치게 사혈하다 보면, 귀에서는 북치는 소리가 나고, 숨이 차거나, 빈혈로 일시적으로 고생을 많이 합니다. 이러한 경우를 대비해서 사혈의 순서를 꼭 지켜야 하는 것입니다 (2-3-6번 혈 사혈 후 격주로 2-3-6번, 2-3-8번 혈 교대로).

우리 몸의 장기 중에서 피를 만드는 조혈기능을 주도하는 역할은 간장, 신장, 췌장 입니다. 이 장기들은 피를 만드는 자신의 역할이 있지만, 피를 만드는 재료를 공급 받지 못하면 피를 만들지 못합니다.

이 조혈재료는 장(腸)에서 흡수되는 영양분인데, 이 혈이 3번 혈

(뿌리혈)입니다. 장(腸)의 영양분을 흡수하는 기능이 호전 되었다 해도, 잘 먹고 소화 되지 않으면 흡수 할 수 없습니다. 체력이 달리거나 기운이 없을 때는 잘 먹어야 호전이 빠른데, 밥맛도 없고, 소화도 안 되니 먹고 싶어도 못 먹는 경우가 많습니다.

이러한 때에는 식욕을 왕성하게 하고, 소화기능을 호전시키고 조혈의 재료가 되는 영양분을 3번 혈(뿌리혈)에서 흡수하도록 하여 조혈기능을 호전시키면 됩니다. 이러한 기능을 2번 혈(위장혈)이 합니다. 이 혈의 별명은 밥도둑 혈인데, 직접 사혈을 해보면 본인이 스스로 느낄 것입니다.

8번 혈은 신장과 간장의 기능을 호전시키고, 피의 산도를 희석하고 맑게 해주는 혈이라고 해서 신간혈이라고 합니다.

어혈은 우리 인체 내에서 장기에게 도움을 주지 못하고 자리만 차지하고 있고 피의 흐름을 방해하고 있을 뿐입니다. 어혈이 빠져나온 자리는 생혈로 채워지는데 어혈을 빼 내는 양보다 조혈의 양이 적으면 피부족이 오기 쉽습니다. 특히, 노약자와 양약에 의존하던 만성 질환자, 그리고 혈액의 산도가 높은 사람은 조혈기능이 좋지 않습니다.

장기간 사혈을 하려고 할 경우(계획 사혈 시)에는 우선 체력 저하를 막고, 체력의 보충을 위해서 위, 소장, 신장, 간장의 기능을 호전시켜서 조혈기능을 활성화시켜 놓은 다음에 충분한 영양을 공급하고 심장의 부담을 줄여주면서 사혈하는 것이 가장 좋은 순서입니다.

소화흡수기능이 호전 되어 소화 흡수를 잘 하고 피부에 윤기가 돌고 나면, 간장과 신장의 기능이 호전 되도록 신간혈을 사혈하여 피의 산도를 낮추어서 조혈에 필요한 영양분을 산도에 녹지 않게 공급하면, 조혈기능이 살아나고 심장도 편안해집니다.

2-3-6번 혈을 동시에 사혈하면 2-3번 혈 보다 6번 혈이 먼저 나올 것입니다. 2-3번 혈은 피부와 내장 사이에 지방이 있어서 대체로 6번 혈보다 늦게 나옵니다. 6번 혈에서 먼저 나오는 어혈이 솜으로 반 정도 빨아드리게 되면 격주로 2-3-6번 혈과 2-3-8번 혈을 사혈합니다.

8번 혈은 어혈보다 생혈이 많이 나오는 경우가 많으며 8번 혈을 잘 못할 경우 헤모글로빈 수치가 급격히 떨어지고 빈혈이 오는 수가 많습니다. 2~3년 정도 사혈을 경험한 분과 같이 하거나 배움원 등에서 여러 사람과 함께 사혈하면 생혈 손실이나 어혈의 상태를 파악 할 수 있어서 효율적인 사혈이 됩니다.

이 정도의 과정에는 6개월에서 2년 정도 걸립니다. 충분한 휴식 기간을 갖고서 2-3-6번 혈과 2-3-8번 혈을 격주로 하게 되면 체질의 변화가 온 몸으로 느끼게 되고 그동안 불편하였던 몸의 기능이 많이 호전되어 있음을 알게 됩니다.

2-3번 혈에서도 어혈이 잘 나오고(1~2년) 6-8번 혈에서도 어혈이 많이 나와서 솜에 빨아들인 생혈이 많게 된 후에도 아픈 곳이 있으면 그 곳을 4~5주 정도 집중적으로 자신의 조혈능력에 맞게 사혈합니다. 그러면 다시 재발되지 않고 그 현상을 잊을 수 있습니다. 이 방법이 안전한 사혈이고 확실한 사혈요법입니다.

그 다음에는 10년에 1~2회 정도 점검 사혈만 하시면 됩니다. 지금까지의 경험과 사람들의 행태를 보면 조혈식품은 먹지도 않고 기본 사혈은 조금만 한 상태에서 아픈 곳만 찾아다니며 사혈하는 경우를 보게 됩니다. 이와 같이 무 개념적으로 사혈을 하게 되면 완치도 안 될 뿐만 아니라 또 다시 재발하게 됩니다. 또한 휴식기간을 지키지 않고 욕심을 부린 결과는 가혹합니다. 피부족이 와서 고생을 많이 하게 되며 피부족으로 인해서 잠재하고 있던 증상이 발생하는 등 역 효과만 초래되어 심천사혈요법을 원망하게 됩니다. 다만 기본 사혈을 하는 동안에 아픈 곳이 있으면 한두 번 정도의 응급 사혈은 무방하지만 응급사혈 후에는 바로 기본 사혈로 돌아와야 하는 것입니다.

사혈을 하면 반드시 몸이 좋아집니다. 단, 자연 법칙에 의하여 빼내면 반드시 뺀 만큼 보충해 주었을 경우에만 해당됩니다. 자동차도 기름을 다 쓰고도 계속 엔진을 돌리면 차가 망가집니다. 사람의 몸도 어혈이 빠져나간 빈 공간이 새로운 피로 채워져야 건강이 유지되고 조혈이 되어야 하는 것입니다. 피가 부족해도 쉬지도 않고 사혈을 하려고 하면 위험한 상태를 피해 갈 수 없습니다. 피부족을 막기 위해서는 조혈식품과 고단백질 식품을 섭취하여 조혈기능을 도와야만 합니다.

▷ ▶ ▶ ▶ Part 3

사혈의 실제편

"

심천생리학은 생물의 진화과정을
탐구하여 생리이치를 따른
예방학문입니다.

심천 박남희

🔔 어혈의 종류

● **단순어혈(약산-푸딩형태)**

- 신장의 기능 저하로 발생된 어혈

- 사혈 시 어혈이 쉽게 잘 나온다.

- 사혈만으로도 치유가 가능

● **섬유질화 된 어혈(중산-질긴형태)**

- 간의 기능 저하로 발생된 어혈

- 사혈 시 어혈이 쉽게 나오지 않는다.

- 부항기로 압을 걸었을 때, 땀구멍이 안으로 끌려 들어가면서 단단해지고 싸늘해진다.

- 조혈식품과 녹이는 처방이 필요

● **담석화 된 어혈(강산-칼륨혈질)**

- 신장과 간의 기능 저하로 발생된 어혈

- 사혈 시 다량의 물집이 발생할 가능성이 높다.

- 섬유질화 된 어혈보다 더 안 나온다.

- 조혈식품과 녹여서 불리는 처방이 필요

🔔 어혈이 많이 쌓이는 곳

- 뼈를 잡고 있는 근육의 끝 지점에서 움직임이 많은 곳에 모세혈관의 분포가 많습니다. 뼈와 뼈가 만나는 곳 또는 관절과 관절이 만나는 곳은 체세포의 숫자가 적어 체온 보존이 어려워 어혈이 많이 모여 있습니다.

- 모세혈관 끝 즉, 머리끝, 손끝, 발끝과 같은 말단 지점에 어혈이 많이 쌓여 있습니다.

- 움직임이 많고 모세혈관이 많다는 것은 신경선의 분포 또한 많이 중첩되는 지점입니다.

- 물의 흐름으로 보면 위에서 아래로 흐르는 포인트 중 근육의 끝 지점으로 어혈이 집중적으로 모이는 부분(근육이 끝나는 지점)입니다. 럭비공 형태의 양쪽 근육 끝에서 약 3~5cm 안쪽 지점입니다.

- 심천사혈의 혈자리를 눌러보면 대부분 쏙 들어가는 부분인데 그곳이 혈관의 끝부분으로 어혈이 많이 쌓임으로 인해 근육이 대체적으로 경직되거나 수축된 부분입니다.

- 동맥의 끝과 정맥의 시작인 신진대사의 물질교환이 이루어지는 부분으로 다양한 어혈이 생기는 원인들이 봉착하여 걸러내지 못하여 쌓이는 부분입니다.

- 심천사혈 혈자리를 놓고 경혈학의 혈자리에서 보면 경혈학에서 보아도 기의 흐름이 많을 수밖에 없는 곳이긴 하지만, 심

천사혈의 혈자리는 혈액 순환이 되지 않는 중추적인 곳을 포인트로 물 흐름의 이치로 잡아 놓은 것이 특징입니다.

- 경혈도를 놓고 비교하여 보면 신체를 정면에서 보았을 때 정중앙 지점에 많은데, 이 부분은 인체의 모든 움직임은 좌뇌는 몸 우측을 관장하고, 우뇌는 몸 좌측을 관장하는 구조입니다. 그렇기 때문에 좌뇌와 우뇌의 관장 접지 부분은 동맥-소동맥-말초모세혈관의 끝인 말단지점이기 때문에 구조적으로 어혈이 잘 쌓이는 곳이며, 혈관 조형술이나 혈관 분포도에 있어서 굵은 혈에는 어혈이 없습니다.
1-17-47-18-4-32-5-2-3-51-29-14-59-30-53-9번 혈 등이다.

🔔 어혈의 빛깔과 증세

사혈을 하다 보면 사람마다 천차만별입니다. 즉 질병의 원인, 과정, 결과의 모습들이 모두 다양함을 알게 됩니다. 다르다는 것은 같지 않다가 아니고 근본 이치는 같은데 눈에 보여 지는 형태가 각양각색으로 나타난다는 것입니다.

다양성으로 말하자면
- 어혈이 잘 나오는 사람과 잘 안 나오는 사람

- 조혈의 기능이 좋은 사람과 좋지 않은 사람
- 어혈의 형태가 고지혈, 섬유질, 담석의 다양함
- 혈액의 산성도가 약산, 중산, 강산의 다양함
- 막힌 정도에 따른 다양한 질병의 형태들
- 유사한 강산의 형태이지만 어혈의 농도와 빛깔의 다양함
- 사혈 후의 변수와 호전의 상태 변화의 다양함
- 나이, 직업, 성격, 타고남, 환경, 등의 다양함 등

이 외에도 수 없이 많습니다. 하지만 무한정 나열해서 얻을 수 있는 것보다는 오히려 근본적 논리와 이치에 맞는 공식에 대한 이해가 다양성을 풀어내는데 더 효율적입니다. 사혈을 하게 되면 누구는 아프고, 누구는 어혈이 나오는 유속이 느리고, 누구는 멍이 들고, 누구는 어혈이 걸쭉하고, 누구는 어혈의 빛깔이 검고, 누구는 물집이 잡히는 등의 다양한 현상들을 보게 됩니다. 이 또한 세밀하게 관찰해 보면, 원인 없는 결과가 없듯이 어느 혈관이 얼마만큼 막혔느냐에 따른 체세포의 삶의 욕구에 대한 반응을 신호로 다양하게 보여줄 뿐입니다.

초기에 신장기능의 저하가 약할 때에는 산소부족으로 가벼운 피로감, 소화불량, 무기력 등을 신호로 보내는 단계에서는 고지혈의 상태로 혈액의 농도가 높아지고 어혈의 색깔은 정상 혈질에서 약간 연한 정도의 빛깔을 띠게 됩니다. 이 상태에서 관리가 되지 않아 간의 기능이 동시에 저하 되면 혈액은 중산의 상태로 변하게 되고 혈색과 혈질은 누렇거나 검거나 검푸르게 바뀌게 되는데 이때에는

고혈압을 기준으로 전후 단계의 증상들을 가지고 있다고 보시면 되겠습니다. 하지만 신장과 간기능의 저하가 무르익은 상태가 되면 혈질이 강산의 상태가 됩니다. 이때의 혈액은 산화되어 연분홍의 맑은 상태가 되는데, 어혈의 상태는 어두운 섬유질에서 담석화된 정도의 포화도가 높거나 질긴 상태가 된다고 보면 됩니다.

이렇듯 몸 상태의 막힌 정도에 따라서 어혈의 상태와 빛깔은 다양하게 나타나게 됩니다. 그러므로 사혈을 할 때에는 생각 없이 무조건 빼기만 하면 절대로 안 됩니다. 수많은 대상자마다 다양성을 체크해 가면서 많은 것을 알아차리는 것이 무엇보다도 중요합니다.

또한 사혈에 의해 피부족 현상이 다가오면 일차적으로 얼굴에 노란 빛이 나는데 이때까지는 일상생활을 하는데 큰 지장은 없습니다. 이 상태에서 조혈에 대한 조치를 하지 않으면 얼굴이 백지장처럼 되면서 핏기가 없어지는데, 숨이 차고 다리에 힘이 빠지고 귀울림 현상이 옵니다.

따라서 사혈하기 전에는 항상 자신의 몸 상태를 주의 깊게 관찰을 하고 사혈 전후의 변화, 사혈 과정의 변화, 피부족의 변화, 조혈의 조치에 따른 변화, 휴식기에 나타나는 변화 등을 살펴야 합니다. 그러다 보면 우선 눈으로 보이는 색깔의 차이가 안팎으로 두드러지게 나타나기 때문에 예민한 판단으로 보사의 균형을 잘 유지해 가는 것이 무엇보다 중요합니다.

🔔 탁혈(濁血)의 진행과정3)

인체의 모든 장기의 기능은 맑은 혈액을 유지하는데 모두 소중합니다. 특히 신장, 간장, 췌장은 혈질 오염의 중추적인 역할을 하는 장기입니다. 인체의 생리 기준적인 시각으로 진단하면 신장의 기능이 저하되지 않고서는 간의 기능이 떨어지기 어렵고, 신장과 간의 기능이 떨어지지 않고서는 췌장의 기능만 떨어지기는 어려운 구조로 되어 있습니다.

신장기능이 저하되는 초기 증상으로는 산소부족이 발생합니다. 산소부족은 간세포의 소화기능을 떨어뜨리기 때문에 혈액속의 산도를 높게 합니다. 산소부족에 의한 합병증과 강산이 혈액속의 지방과 단백질을 응고시켜서 어혈(혈전)이 생성됩니다. 생성된 어혈은 췌장쪽으로 들어가는 혈관이나 췌장의 말초모세혈관을 막음으로써 인슐린의 생산이 저하됩니다. 인슐린 부족에 의한 합병증으로 혈액의 농도가 걸쭉해지고 그 걸쭉해진 혈액이 말초모세혈관을 막아 혈액이 돌지 못하게 되어 연쇄적인 합병증이 발생됩니다.

- 이것이 초기 신장 기능저하로 인한 한 장기의 기능저하가 연쇄적인 합병증을 키워가는 과정입니다.
- 비정상적인 혈질, 탁혈(濁血)의 생성원인과정을 살펴보면,
  첫째, 각각의 장기 세포가 혈관이 막혀있음으로 인해서 자신이 필요한 성분을 먹어치우지 못하여 누적된 경우
  둘째, 산소부족으로 인해서 소장에서 흡수한 영양분을 체세포가

90

정상적으로 소화시키지 못한 경우

셋째, 먹지 못하였기 때문에 그 장기의 배설물이 혈액에 섞이지 못한 경우

이상과 같은 경우를 모두 탁혈(濁血)이라고 할 수 있습니다.

🔔 탁혈(濁血)의 분류[4]

심천생리학에서는 해독에 관한 처방을 간결하게 하기 위해서 탁혈은 크게 약산, 중산, 강산(칼륨혈질)의 3가지 종류로 분류하고 있습니다.

첫째, 탁혈이 약산(弱酸)인 경우

인체의 각 장기는 모두 조금씩 다른 성분을 먹이로 먹습니다. 각각 다른 성분을 소화시키는 과정에서 필연적으로 불완전연소물질인 요산이 발생됩니다. 이 요산은 신장이 먹고 배설하며 방광에 고여 있다가 요도(尿道)를 통해 몸 밖으로 배출됩니다.

신장의 기능저하란 혈관이 막혀서 신장으로 혈류가 적게 통과하는 것으로 신장의 세포가 요산을 먹어치우지 못한 만큼 혈액 속에 축적되는 현상을 말합니다. 이 요산의 농도가 높아질수록 혈액속의 산소는 점점 더 부족해지고 이로 인해서 합병증이 발생하게 됩니

다. 합병증은 크게 5가지로 구분할 수 있습니다.

1) 산소부족에 의한 만성피로
2) 산소부족으로 인해서 모든 세포의 소화능력이 저하되어 간 기능 저하의 연쇄적인 합병증인 고지혈증을 유발시킵니다.
3) 요산의 화학반응으로 많은 어혈(혈전)이 생성됩니다.
4) 요산의 질소가스-기체가 온도가 저하된 곳에서 결로 현상으로 액체화 되어 특정부위에 산도가 높아지면 수포, 또는 물혹이 생성됩니다.
5) 전체적으로 몸의 산도가 높아지면 인체의 체세포들이 그 높아진 산(酸)을 묽게 희석시키기 위해서 수분을 끌어 모으게 되는데 이것이 바로 부종(浮腫)입니다.

심천생리학에서는 이상과 같은 성분을 모두 신장의 기능저하로 인해서 발생되는 '요산'이라고 통칭(通稱)합니다. 또한 요산은 독(毒) 중에서 가장 낮은 단계로 "약산"이라고 분류합니다.

둘째, 탁혈이 중산(中酸)인 경우

신장의 기능이 점점 더 저하될수록 혈액속의 산도는 높아지고 산소는 점점 더 부족하게 됩니다. 부족해지는 산소는 인체의 모든 생명체들의 소화기능을 저하시키는 원인제공을 합니다. 산소부족으로 인해서 간의 기능까지 저하되면 간의 먹이로 사용되는 성분을 몸밖으로 배출하지 못하게 됩니다. 배출시키지 못한 성분을 심천생리학에서는 '타닌성분'이라고 하고, 요산보다 한 단계 높은 "중산"이라고 분류합니다.

간세포가 이러한 타닌성분을 먹이로 먹고 소화시킨 배설물이 담즙인데, 이 담즙은 방광에 소변이 고이듯이 담낭에 고여 있다가 위(胃)를 통해 새로운 음식이 들어오면 십이지장에서 담즙을 이용해 해독기능을 한 후 대장(大腸)을 통해 몸 밖으로 배출합니다. 현대의학에서는 타닌성분을 GOT · GPT라고 지칭합니다. 심천생리학은 간 기능 저하로 간세포가 먹어치우지 못한 타닌성분을 혈액 속에 누적되었을 때 해독하는 물질을 "중산"이라고 부릅니다.

셋째, 탁혈이 강산(强酸)인 경우

신장과 간의 기능이 떨어질수록 요산과 타닌성분의 농도수치가 높아지는데 일정수치 이상이 되면 화학반응이 발생되어 제3의 성분인 강산으로 바뀌게 됩니다. 심천생리학에서는 이 강산성분을 '칼륨'이라고 합니다. 심천생리학에서는 혈액의 상태가 칼륨혈질이 되면 섬유종, 거북등, 딸기피부, 간염, 간경화, 간암, 백혈병 등과 같은 질병을 유발시킨다고 진단하고 있습니다. 또한 이 칼륨혈질을 해독하는 물질을 "인"이라고 부릅니다.

이상과 같이 심천생리학에서는 탁혈을 세 가지 성분으로 분류하고, 어느 성분의 수치가 높고 낮은지에 따라 질병의 종류가 달라진다고 보고 있습니다. 따라서 질병에 대한 약제를 적용하는데 있어서 탁한 혈질의 단계에 따라 혈액을 해독하기 위한 약제(藥劑)적용에 응용하고 있습니다. 외적인 요인과 중금속 등으로 인해서 혈질이 탁해진 경우가 아닌, 자연발생적으로 장기의 기능이 저하된 대부분의 질병은 이 범위를 벗어나지 못합니다.

인체의 탁혈 진행과정을 이러한 시각으로 진단하면, 혈액을 맑게 하는 해독작용은 그 치유 논리와 처방공식이 간결하게 정리되어, 막연한 처방이 아닌 공식을 기준으로 한 처방전이 논리적으로 도출됩니다.

우리의 인체는 앞 장기세포가 먹고 난 배설물은 다음 장기세포가 먹고 소화시키는 과정에서 성분이 바뀌면, 그 바뀐 성분을 먹이로써 필요한 생명체가 다음 한 장기(臟器)집단을 이루고 사는 구조를 말합니다. 각 장기(臟器)의 크고 작음의 결정은 장기(臟器)세포의 배설물 중에 특정한 성분이 많고 적음으로 결정되는 구조입니다.

🔔 생혈 손실을 줄이고 어혈 위주로 사혈하는 방법

1) 사혈 전에 해당 혈자리에 충분한 이완(마사지, 찜질팩)을 해줍니다.
2) 해당 혈자리에 건부항을 1~2분 정도 걸어줍니다.
3) 원형컵 자욱 안에 사방으로 5회 정도 찔러봅니다.
4) 유속을 살펴서 생혈이 컵 테두리에 양파링의 모양을 기준으로

많고 적음을 판단합니다.

5) 유속이 느리면 더(8~9회) 찌르고 유속이 빠르면 덜(6~7회) 찌릅니다.

6) 이렇게 세 번 정도 찌르고 닦고를 반복하면 주변의 어혈층이 모이게 됩니다. 이 과정은 총 횟수에 카운트 하지 않습니다.

7) 그 다음 회차부터 본격적으로 사침의 수를 증감해 가면서 사혈하면 됩니다.

8) 컵을 당기는 압력도 피부가 경직되고 어혈이 질길수록 잘 안 나오기에 유속이 느릴수록 압축기를 약하게 덜(1~2회 이내) 당깁니다(병목현상 어혈 차단).

9) 사혈을 하는 사람 그리고 혈자리마다 사침 수 대비 압력은 모두 다른데 일률적으로 당기는 것은 기복이 심하기에 사침 후 압력을 절반씩 나누어 당기고 2~3초 바라보고 또 절반 당기고 2~3초 바라보다 보면 유속이 빨라질 때가 보이는데 그 때가 해당 혈자리에 맞는 최적의 압력이 됩니다.

10) 컵을 걸고 방치하는 것은 묽은 어혈만 나오다 말기 때문에 컵을 좌우로 계속 돌려가며 마사지 효과와 더불어 섬유질화 된 어혈과의 끝없는 줄다리기로 이끌어 내는 것이 중요합니다(방치해서 요산이 쌓이는 것과 컵을 돌렸을 때 요산이 쌓이는 것이 다릅니다. 방치는 피부를 차단하고 유동성은 지속적 흐름을 이끌어냅니다).

11) 서너 번 사혈 후, 컵에 습기가 차게 되는 경우는 어혈층이 피부를 꽉 막아 온도가 떨어져서 실내 온도와 컵 내부의 온도 차

이로 인해서 생긴 것입니다. 이때에는 드라이기와 온열기로 온도를 올려서 어혈을 효과적으로 이끌어내야 합니다.

12) 사침을 할 때도 막 찌르게 되면 긴장으로 근육 수축이 되기 때문에 어혈제거에 반감됩니다. 이런 경우에는 피부를 살짝 찝은 상태로 사침을 하는 것도 또 하나의 요령입니다.

13) 온도에 관한 부분 중에서 사혈 전에 찜질팩을 올려놓았다가 사혈을 해보면 몇 번은 잘 나오다가 금방 원위치로 돌아갑니다. 따라서 적외선 조사기로 해당 부분을 쬐여주는 것 보다는 열선풍기로 주변 전체를 쬐어주면서 어혈을 녹여 가면서 근육을 이완시켜 줍니다. 이렇게 했을 때 어혈의 결과물은 확연히 다릅니다. 사혈 시작 전부터 끝날 때 까지 연속적으로 쬐어주는 것이 혈질의 기복을 줄이고 안정적으로 이끌어 내는 포인트입니다.

14) 특히 피부가 얇아서 뼈와 쉽게 닿는 곳은 맨 부항을 대면 피부가 차단되기 때문에 바세린을 바르고 실리콘 컵을 씌워서 유격을 주고 움직여 가면서 어혈을 빼야 효과적입니다.

15) 이런 과정을 반복하다 보면 생혈 손실을 줄이면서 어혈 위주의 사혈을 하게 됩니다. 물론 마구잡이 사침을 하는 분들은 '그렇게 빼서 언제 어혈이 나오겠냐!'라고 이야기 할 수 있겠지만 시간이 지난 후에 훨씬 안정적인 결과를 이끌어 내게 됩니다.

16) 사혈의 결과물인 어혈을 솜으로 닦아서 신문지위에 순서대로 놓고 육안으로 확인해보면 안정적인 사혈은 어혈 양의 증감이 일률적이고, 질김의 정도와 요산의 정도가 보입니다. 즉, 불규칙이 아닌 안정감을 보게 됩니다.

17) 안정적인 사혈이 중요한데 광부가 급하게 파다보면 굴이 무너지게 되고 산소가 차단이 되면 분열을 못하게 되지만, 늦더라도 천천히 안정적 사혈을 하게 되면 눈사태 현상과 기복도 적고 명현현상도 적기에 빼낸 만큼 세포가 안정적인 분열을 하게 됩니다.

18) 3개월을 기준으로 마구잡이 사침의 불안전한 결과(눈사태, 피부족, 명현반응 등)와 안정적인 사혈로 생혈 손실을 줄이고 어혈 위주로 사혈을 하게 되면, 불필요한 눈사태 현상이나 불필요한 추가 사혈과 피부족을 덜 겪게 됩니다.

19) 이 결과는 휴식기를 거친 다음 사혈을 할 때 나타나게 되는데 무분별한 사침 결과는 휴식기에 눈사태로 다시금 어혈이 꽉 막히게 됩니다. 그러는 동안 세포는 분열을 못하거나 제자리걸음을 하게 됩니다. 그 반증이 3개월 후에 사혈 자리를 보면 검은 자욱이 진하거나 모공이 커져 있고 진한 솜털이 나있는 것을 확인할 수 있을 것입니다.

20) 사혈은 횟수나 기간 보다는 얼마만큼의 어혈량을 제거했는지에 따라서 결과를 이끌어 냅니다. 조급함에 빨리 빼내면 일시적인 개선은 있을 수 있지만 누적손실로 인해서 개선의 여지가 적을 수도 있기 때문에 안정적이고 예민한 사혈을 이끌어 내는 것이 포인트입니다.

단, (1)~(5)번까지는 일반적인 사혈을 함에 있어서 처음부터 생혈이 많은 분들에게 적용합니다. 진액을 적용한 몰아빼기사혈의 방식에서는 많이 다릅니다.

🔔 심천생리학·심천사혈요법의 사혈방법

첫째, 안전사혈

해독제(요산해독과 중산해독의 적용, 청국장 등), 철분제, 죽염수만 섭취하면서 피부족을 피하며 안전하게 사혈하는 방법입니다.

둘째, 치유사혈

진액, 철분제, 죽염수 또는 강산해독을 적용하여 보사의 균형을 잡아 주게 되면 치유와 개선을 빠르게 하는 사혈방법입니다.

셋째, 응급사혈

현대 의학적으로 치유 불가 진단을 받은 응급환자를 사혈하는 방법입니다(응급사혈방법은 따로 분류하여 정리하였으니 참고 바랍니다).

🔔 안전 사혈이란?

제일 안전한 사혈 요법은 사혈을 처음 시작할 때 2-3-6번을 동시에 사혈합니다. 그러면 6번 혈(고혈압혈)에서 어혈이 먼저 나오기 시작할 것입니다. 6번 혈(고혈압혈)에서 솜이 빨아들이는 피가 반 정도 되면 그 다음은 2-3-8번을 동시에 사혈합니다. 8번 혈(신간혈)에서도 솜이 빨아들이는 피가 반 정도 되면 어혈이 나오는 상태를 보아가며 2-3-6, 2-3-8번을 번갈아 한 주씩 사혈하다 2-3-6-8번 모두에서 어혈이 잘 나온 다음 아픈 곳을 마음대로 이동해서 사혈하면 됩니다. 응급을 요할 때는 한 두 곳 정도는 사혈을 해도 무방하지만 그 이상은 무리입니다.

혈액의 생성을 보충하기 위해서는 조혈에 필요한 조혈식품과 조치가 필요하다는 사실은 너무도 중요하기 때문에 무조건 사혈만 해서는 안 된다는 점을 다시 한 번 강조합니다.

🔔 기본사혈 잘 하는 방법

● 책도 안 봤거나 책만 보고 사혈하는 경우

책만 보고 사혈을 시작하는 경우 혈자리 위주의 탐독을 하는 것이 일반적이라 효과가 빠른 위치와 적용을 하게 됩니다. 또한 논리와 이치적인 이해를 통해서 공부를 권해도 치유위주의 원하는 것만을 취하게 됩니다.

1) 외과적인 상태의 단순 어혈성 사혈로 빠른 호전을 인식합니다.

2) 정도에 따라서 같은 상태도 빠른 개선이 나타나거나 습관성 사혈로 반복되는 경우를 알게 됩니다.

3) 피만 빼는 것 같지만 그 동작 하나에 수많은 상황이 숨겨져 있다는 것을 알게 됩니다.

4) 어혈의 실체와 사혈의 개선을 통해서 질병의 원인이 혈관을 막은 어혈에 의한 것임을 확인하게 됩니다.

5) 각자 책에 기준한 표현들의 해석을 다양하게 하다 보니 두루뭉술한 민간요법이라고 생각하겠지만 경험을 쌓다보면 재생의술이라는 것을 알게 됩니다.

6) 사혈은 어혈만 빼주었을 뿐 몸 스스로 자생력에 의해서 치유되는 것이라 특별한 능력이 아니기에 누구나 손쉽게 배울 수 있음을 알게 됩니다.

7) 초심자 일 때는 누구든 어설픈 귀동냥으로 헤매지 말고 올바른 접근과 이해를 해야만 중도포기 하거나 오류를 범할 일이 적어집니다.

8) 적어도 최소한 영양분, 염분, 철분은 꼭 적용하여 피부족으로 인한 오류를 겪지 말아야 합니다.

9) 무분별한 사혈로 스스로 힘든 상황을 만들지 않으려면 2~3개월 사혈 후, 평균 3개월 휴식은 철저히 지킵시다.

10) 제일 현명한 사혈 방법은 공부를 하거나 주변의 선험자의 자문과 지도를 받으며 안정된 사혈을 알아가는 것임을 알게 됩니다.

● 초급 과정을 공부한 사람(조혈식품 적용)

기본적인 논리와 이치를 이해하고 있기에 사혈과 약성의 중요성을 알기에 최소한의 주의와 효율적인 방법을 적용하게 됩니다.

1) 기본사혈의 과정을 적어도 1년 이상 해가면서 내 몸 상태를 파악하고 안정적인 조혈의 적용을 잘 맞추어 갑니다.

2) 적어도 청국장, 죽염, 철분, 해독(요산해독, 중산해독), 영양분의 필요성을 인식하고 호전적이고 안정적인 사혈을 연속성을 가지고 합니다.

3) 짧은 기본사혈의 과정은 쉽게 무너지는 것을 알기에 규칙적이고 꾸준한 시간 속에서 안정적인 기초 작업을 만들어갑니다.

4) 조혈식품과 사혈의 병행을 통한 시너지효과를 극대화 시키는 것이 심천사혈의 핵심이기에 약성의 이치와 논리적인 공부를 꾸준히 합니다.

5) 적어도 동영상 공부를 100편 이상 공부 한다면 심천사혈이 왜 재생의술이며 질병의 근본이 어혈인지를 깨닫게 됩니다.

6) 다양한 경험치를 통해서 확신과 감각을 키워 나가야만 만성, 중증 질환의 상황에서도 안정적이게 풀어갈 수 있습니다.

7) 지금 알고 경험한 것은 빙산의 일각에 불과하며 체계적인 공부를 통하여 끝없는 깊은 학문임을 공감한다면 돈을 주고도 못살 큰 가치를 알게 됩니다.

● 중급 이상 공부한 사람(진액적용)

일반적인 사혈의 적용과 더불어 진액의 효과적이고 안정적이며 빠른 사혈의 이해를 통해서 비용이 발생하더라도 질병의 뿌리를 뽑고자 하는 마음으로 적용하게 됩니다.

1) 기본사혈을 적어도 1년 이상 경험한 경우로 쉽게 얻어지는 것이 아니라는 것을 알게 됩니다.

2) 투자 대비 심신으로 얻는 것이 너무나 큰 선물임을 알기에 사혈을 알게 됨에 감사함을 알게 됩니다.

3) 일반적인 사혈의 한계점을 알기에 약성의 중요성을 다시 한 번 인식하게 됩니다.

4) 진액을 적용한 사혈 시, 해독과 영양분 그리고 어혈불림의 삼박자가 어우러져 사혈하는데 이것이 얼마나 중요한 부분임을 인식하게 됩니다.

5) 진액의 적용은 질병이 악화되는 속도를 따라잡아야 하는데 일반사혈로 접근하기 어려운 경우 이미 혈질이 바뀐 환경을 개선하여 안정된 상황을 풀어가는 중요한 역할의 적용방법입니다.

6) 적어도 영상강의 200편 이상 공부를 통하여 눈에 보이지 않는 이치의 흐름법을 심도 있게 이해하는 과정이 스스로를 한층 업그레이드 하게 만들 것입니다.

7) 결국 심천사혈은 누구나 스스로 건강을 돌볼 수 있는 큰 학문임을 알게 되고 심천선생님의 더 깊은 공부를 알아가는 과정이 있음을 알게 됩니다.

● 아픈 곳만 사혈하는 경우(외과적인 증상)

아픈 곳 위주의 만성질환을 가진 경우 기본사혈을 무시하거나 간과한 채 문제인 곳의 집중사혈을 하게 되는 경우

1) 외과적인 부분의 경우 응급으로 몰아빼기를 하여 가시적인 효과를 보게 되지만 일정 휴식기를 보낸 후 기본사혈을 해야만 합니다.

2) 내과적인 만성질환의 경우 조혈에 대한 뒷받침 없이는 진퇴양란에 빠질 우려가 있기 때문에 반드시 배움원에서 교육받기를 권해드립니다.

3) 오래된 만성질환일 경우 단시간에 해결되지 않기도 하며, 조혈 때문에 지속적인 사혈의 한계점에 이르게 됩니다. 그렇기 때문에 기본사혈을 할 수 밖에 없게 됩니다.

4) 사혈의 요령이 왜 필요한지를 알게 되어 결국 시간낭비를 했음을 알게 되어 뒤늦게 제대로 된 공부를 시작하게 됩니다.

5) 조혈의 중요성을 간과한 채 3~6개월 동안 휴식기를 가지지 않고 사혈하게 되면 다양한 피부족 현상을 초래하게 됩니다.

6) 가벼운 상태를 긁어 부스럼 일으키며 시간을 소비하는 것 보다는 그 시간을 기본사혈에 투자하는 것이 이득임을 알게 됩니다.

7) 잘 안 나오는 어혈을 억지로 빼내려하지 말고 한약 처방과 사혈 요령의 중요성을 다시 한 번 알게 됩니다.

8) 사혈을 하지 않는 것 보다는 가시적인 완화를 경험하게 되지만 사혈은 시간이 아니라 막힌 곳의 어혈이 얼마만큼 나와 주어 소

통이 되었는지가 관건이 됨을 알게 됩니다.

● **장기간 사혈할 사람(기본 사혈 충실)**

특별한 문제는 없으나 나이가 들면서 기능저하 등의 문제가 발생함에 따라 기본사혈을 통한 예방과 건강을 돌보고자 하는 경우.

1) 책1~3권을 서너 번 탐독하고 최소한의 기본 조혈 조치와 기본 사혈을 꾸준히 합니다.

2) 적어도 2-3-6번 혈을 1년 이상 사혈을 해보면 상하의 가벼운 상태는 언제 그랬냐는 듯이 사라지는 경우가 다반사입니다.

3) 8번 혈이 기본사혈의 핵심이기에 8번이 안정적으로 열릴 때까지 사혈하지 않으면 2-3-6번 혈은 언제라도 다시 막히게 됩니다.

4) 6번 혈에서 8번 혈로 넘어가는 과정도 절대로 쉽게 해석하지 말고 확인 사혈을 한 후 넘어가도록 합니다. 그 후에도 교차사혈로 안정적인 마무리가 되어야 하는데 각자의 착각으로 대충 마무리 하는 경우가 많습니다.

5) 2-3-6-8번 혈의 과정을 어떻게 충실히 사혈을 했느냐에 따라서 잠시 개선된 상태들은 언제든지 다시금 재발할 수 있습니다.

6) 심천사혈에서 재발이 없는 사혈이란 기본사혈의 과정을 안정되게 한 후의 표현임을 이해해야 합니다.

7) 장기간 사혈의 경우 무엇보다도 자생의 조혈기능이 부족하기에 외부적인 조혈의 조치가 가장 큰 요소입니다.

8) 고단백 불포화 영양분, 죽염, 철분, 해독, 기타의 적용과 사혈의 휴식기와 내 몸에 맞는 안정된 사혈의 흐름을 찾아가는 것이 중

요합니다.

● 사혈은 안하고 조혈식품만 적용할 사람(소아, 노인)

사혈의 효과가 좋은 줄은 알지만 두려움에 사혈은 하기 싫고 약성만을 이용하여 건강을 돌보고자 하는 경우

1) 소아, 노약자의 경우 사혈이 힘들 때 조혈식품의 적용과 6-7-8번 혈의 꾸준한 마사지만으로도 큰 효과를 이끌어 낼 수 있습니다.

2) 비만의 원인을 이해하면 해독과 녹임의 적용으로도 큰 효과를 얻을 수 있는 이치를 알게 됩니다.

3) 해독제 하나만이라도 꾸준히 적용하면 신간 기능 대신 혈액을 맑게 완화시켜 주는 측면이 많기에 건강에 많은 도움이 됩니다.

4) 세균에 대한 면역력 측면을 생각한다면 죽염을 꾸준히 섭취하여 진화론적인 저항력을 키워줍니다. 양수와 눈물 그리고 혈액의 염도가 0.9%의 염도로 같다는 것이 그러한 이유입니다.

5) 만병의 근원이 신장 기능 저하이기에 요산해독으로 빈혈, 통풍, 비만, 탈모, 골다공증 등의 증상 개선에 영향을 줄 수도 있습니다.

6) 멸치죽염원은 성장기 아이들에게 면역력과 뼈 성장 발육 및 조혈에 일조하는 부분이 있습니다.

7) 중산해독의 적용은 간의 기능 대신 해독의 특성과 혈액을 맑게 바꾸어줄 만큼 뛰어난 청혈작용과 중금속을 해독하는 특성을 지니고 있다.

8) 강산해독의 적용은 혈질이 바뀌고 산도가 강산에 가까운 경우 각종 암이나 백혈병, 말기 암 환자들의 복수가 차는 경우 강하게 해독하는 원리를 적용한 것이다.

● **여타(餘他)요법을 배웠거나 사혈의 혈자리만을 적용하려는 사람**

일반적인 다양한 민간요법과 같이 필요한 것만 취하거나 접목하여 사혈을 꾀하려는 경우

1) 우선 앞서 배운 지식을 잠시 뒤로 하고 심천사혈 자체의 효과를 경험해 보고 이론적인 공부를 접해 봅니다.

2) 많은 민간 대체요법들의 효과는 분명히 있지만 결과적인 접근인지 근본적인 접근인지 다시 한 번 적립을 할 필요가 있습니다.

3) 대다수의 요법들의 학문적 배경이 약하다보니 중국의 고대 이론을 바탕으로 해석하려는 경향이 많은데 그것은 스스로의 한계점을 드러내는 것으로 보입니다.

4) 모든 의술은 이론과 결과가 맞아 떨어져야 합니다. 역사적으로 오래된 의술과 학문이라면 효능도 그러해야 하는데 실제는 그러하지 못한 듯합니다.

5) 기존 학문은 기(氣)가 성해야 혈(血)이 돈다는 논리로 일관하지만, 심천의술은 혈(血이) 돌아야 기(氣가) 성하다는 이치적인 학문이기에 치유 결과로써 이론과 호전으로 증명됩니다.

6) 이미 앞서 배운 요법에 사혈을 적용함은 절반만 얻는 격이지만, 사혈요법을 완성한 후에 앞서 배운 요법을 적용해 보면 더 호전

됨을 경험하게 되며 더 큰 이치적인 눈을 뜨게 됩니다.

7) 생명의 이치는 먹이사슬의 연결고리와 같기에 시대적 오차의 역사적인 학문이나 첨단과학의 눈으로는 다 파헤칠 수 없는 영역이어서 눈에 보이지 않는 영역의 실체를 이해하지 않으면 끝없는 악순환의 고리에서 벗어날 수 없습니다.

🔔 기본사혈의 선물

생로병사의 반복된 삶 속에서 다양한 관점을 가진 우리들 현실이 중요한 것은 놓친 채 각색과 화려함으로 쫓아간 수없는 주변의 결과 치를 보면서 정작 내 몸 하나 다스리지 못한 채 말로(末路)의 안타까움을 느끼며 초심자를 위한 심천사혈에 대한 우수성을 적어보고자 합니다.

● 2번 혈(위장혈)

1) 2번 혈(위장혈)만 사혈해도 가벼운 위장 장애는 스스로 충분히 극복할 수 있습니다.

2) 자주 체하거나 속이 더부룩한 부분도 언제 그랬냐는 듯이 사라지는 것을 보게 됩니다.

3) 사혈하는 와중에도 얼굴빛이 밝아지는 것을 주변 사람들이 보게 됩니다.

4) 위하수나 위 무력의 경우에도 꾸준히 사혈하는 과정에서 어느 정도 복원이 됩니다.

5) 가벼운 위염, 속 쓰림 정도는 가정에서 가족들끼리 사혈해 보면 개선됨을 알게 됩니다.

6) 소화기능이 좋아져서 없었던 식욕이 좋아지고 입맛이 살아남을 알게 됩니다.

7) 복부 주변의 체지방이 줄어들어 바지가 헐렁해지는 것을 확인할 수가 있습니다.

8) 급체를 했을 경우는 30번을 먼저 사혈하여 책5)에서 기준한 만큼만 나와 주면 웬만해서는 다시 체하지 않음을 알게 될 것입니다.

9) 사혈 중 완벽하지 않은 상태로 놔두면 다시 막힌다는 반증으로 기복이 생기지만 사혈을 꾸준히 해주면 안정된 상태를 확인하게 됩니다.

10) 위에서 나타나는 대부분의 상태는 사혈하는 과정에 상당부분 개선이 되는 것을 알기에 그런 증상이 있었는지 조차도 잊게 됩니다.

- ● **3번 혈(뿌리혈)**

1) 뿌리혈은 식물의 뿌리와 같이 영양분을 흡수하는 기능을 가진 곳이라 조혈에 큰 부분을 차지하는 곳입니다.

2) 대부분의 성인들은 일상의 스트레스나 직립보행 등의 이유로 3번 혈 자리에서 어혈이 잘 나오지 않아 애를 먹지만 소화나

변이 잘 나오는 것을 확인하게 됩니다.

3) 사침 시, 멍 자욱이 잘 드는 곳이지만 차츰 통증도 적어지고 소화가 잘 되는 것을 알게 됩니다.

4) 2번 혈 자리와 같이 꾸준히 사혈하다 보면 복부의 뱃살이 현격히 줄어드는 것을 알게 됩니다.

5) 황금색 변이 나올 즈음 여성들의 얼굴에 기미나 주근깨가 확연히 줄어드는 것을 보게 됩니다.

6) 장 활동이 원활해지면서 변비나 설사는 스스로 자가 개선됨을 보게 됩니다.

7) 사혈로 장의 온도가 올라간 이유 하나만으로도 염증성 질환 및 무기력한 부분들이 개선됨을 알게 됩니다.

8) 장이 개선되면서 굶주렸던 세포들이 분열 하면서 피부가 좋아지고 마른 사람은 살을 찌우게 됩니다.

9) 생리통혈과 더불어 생식기와 관련된 냉증, 땀, 기능적인 부분들이 개선됩니다.

10) 장(腸)의 기능 개선 하나만으로도 전신에 다양한 영향력을 발휘하게 되는 것을 알게 됩니다.

● **6번 혈(고혈압혈)**

1) 고혈압혈 자리를 사혈함으로써 전신의 압력을 낮춰주는 기능 하나만으로도 심장의 부담을 현격히 줄어들게 합니다.

2) 고협압혈인 6번 혈 자리를 사혈 하다보면 여성들은 옆으로 우회한 옆구리 살이 줄어들고 엉덩이 살이 봉긋하게 올라붙는

것을 알게 됩니다.

3) 허리 통증과 관련된 외과적인 상태는 꾸준히 사혈하는 과정에 없어지게 됩니다.

4) 6번 혈의 사혈로 상압이 걸려 붉게 상기되는 상태가 완화됩니다.

5) 압력으로 인하여 초점이 틀어진 시력의 문제도 어느 정도 간접적인 해소 역할을 해줍니다.

6) 6번 혈의 사혈로 상하의 산소 운반 개선 하나로도 기력이 뒷받침됨을 알게 됩니다.

7) 6번 혈의 사혈로 하체 쪽으로 물꼬를 터줌으로 가벼운 정맥류나 뒷꿈치 굳은살이 떨어져 개선됨을 알 수 있습니다.

8) 3번 혈과 6번 혈을 꾸준히 사혈하면 남녀노소 불문하고 생식기 계통의 많은 문제들이 개선됨을 보게 됩니다.

9) 하체로 땀이나 저림 상태들도 빠르게 호전됨을 알게 됩니다.

10) 6번 혈을 2번 혈, 3번 혈과 더불어 꾸준히 사혈하면 상하의 많은 부분들이 개선이 되어 적어도 2~3년 이상 꾸준히 사혈해야 하는 기본사혈의 중요한 초석을 다지는 곳임을 알게 됩니다.

● **8번 혈(신간혈)**

1) 신간혈은 만병의 근원인 곳으로 중요한 곳이기에 어설프게 접근하게 되면 오히려 피부족에 힘들게 되는 곳입니다.

2) 반면에 신간혈이 충분히 안정되게 사혈이 되어 준다면 너무나

큰 선물을 얻게 되는 곳입니다.

3) 비만의 원인이 요산이라는 것을 알면 다이어트의 핵심 포인트가 되기도 합니다.

4) 신간혈 사혈은 신장과 간 기능의 개선을 의미하는 자리이기에 해독의 기능 개선으로 피를 맑게 하는데 큰 역할을 하게 됩니다.

5) 세 개의 혈자리(6번 혈, 7번 혈, 8번 혈)의 사혈로 틀어진 척추 측만증을 잡는데 효율적입니다.

6) 신장의 기능이 저하되면 간의 기능이 연쇄적으로 떨어지므로 중요한 자리이기에 모든 현대병의 대부분에 영향을 미치게 됩니다.

7) 일반 사혈은 기본의 순서에 맞게 진행해야 하지만 진액의 적용으로 결과의 문제를 먼저 해결한 후 혈액의 환경을 바꾸어 질병의 진행 속도를 빠르게 따라 잡을 수 있는 곳입니다.

8) 이러한 중요한 혈자리를 기초공사도 없이 초심자가 처음부터 사혈을 하게 되면 제자리걸음에서 벗어나기 어렵게 됩니다.

9) 네 곳의 혈자리(2번 혈, 3번 혈, 6번 혈, 8번 혈)를 순서에 맞게 차근히 시간을 가지고 예방차원의 사혈을 하면 전신이 개선되는 여러 가지를 혜택을 보게 됩니다.

10) 기본사혈의 진득한 완성도에 따라서 습관성 사혈을 할 것인지 재발이 없는 몸을 만들 것인지는 각자가 이해한 만큼만 얻게 되는 것이기에 공부를 권합니다.

🔔 효율적인 사혈을 위한 방법

1) 식사 후 1~2시간 후에 충분히 소화가 된 후에 사혈합니다.

2) 사혈 전 충분히 온열기, 찜질팩, 마사지 등을 하여 온도를 올린 후 사혈합니다.

3) 사혈 시 컵을 건 후 수시로 비틀거나 마사지를 해야만 효과적입니다.

4) 과도한 스트레스나 기압이 낮거나 추울 때 사혈이 힘들 때에는 다음으로 미룹니다.

5) 어혈이 뻑뻑하고 잘 안 나올수록 압을 약하게 걸어서 사혈합니다.

6) 물집이 잡히면 바늘로 톡 터트린 후 약솜으로 지긋이 눌러줍니다.

7) 사침은 4~5회 정도로 조금씩 증가시켜 가면서 양을 조절합니다.

8) 한번 사혈 시, 3~4개 이상의 컵을 동시에 걸어 사혈 하는 것은 피해줍니다.

9) 횟수나 기간보다는 충분한 양이 나왔을 때 호전이 되었다는 점을 명심해야 합니다.

10) 예민해서 심한 통증을 느끼게 되면 서두르지 말고 살을 꼭 집은 후 천천히 사침을 합니다.

11) 중앙에서부터 똬리를 틀듯 시계방향으로 원형을 그리며 사침

을 합니다.

12) 지방층이 두꺼울 때 침이 가늘거나 짧을 경우 사혈이 잘 안 될 수도 있습니다.

13) 중요 혈자리(1~10번 혈점)는 이동하면 효과가 떨어질 수 있으므로 될 수 있으면 옮기지 말고 사혈합니다.

14) 사혈 후 과도한 운동이나 음주 및 초·육식성 동물 고기 섭취는 자제합니다.

15) 사혈 시 본인의 몸 상태에 맞는 적절한 조혈 및 영양섭취와 휴식기를 가지도록 합니다.

16) 무분별한 사혈은 피하시고 개인의 체험차트를 기록하여 정도 사혈을 합니다.

17) 2~3개월에 한번 정도는 빈혈수치를 측정하여 사혈에 참고하도록 합니다.

🔔 부항기의 압을 거는 방법6)

1) 어혈이 잘 나오지 않을수록 압을 약하게 걸어야 어혈이 잘 나옵니다.

2) 부항기 컵을 2개 이상 걸어놓고 그대로 방치하는 것은 가장 성의 없는 사혈입니다.

3) 압을 걸어준 다음 컵의 압이 빠지지 않는 범위 내에서 상하좌

우로 부항기 컵을 움직여 주면 어혈이 잘 나옵니다.

4) 5번 혈(협심증혈)과 29번 혈(치질혈)의 경우에는 부항기의 압을 조절하는 것이 매우 중요합니다. 부항기의 압을 약하게 걸어 환자의 상태를 지켜보면서 압의 강도를 조절합니다. 만약에 압을 걸어도 어혈이 나오지 않는다면 바로 압을 풀고 다시 사침을 하여 압을 걸어주는 것을 반복합니다.

5) 저혈압이나 협심증이 있는 환자의 경우 5번 혈(협심증혈)을 사혈하게 되는데, 어혈이 나오지 않는 상태에서 압을 걸고 그대로 방치하면 혼수상태에 빠질 수 있기 때문에 주의가 필요합니다. 만약 의식을 잃었다면 곧바로 부항기의 압을 풀고 '십선혈' 손끝을 따주고 협심증혈을 마사지해주면 회복됩니다.

6) 29번 혈(치질혈)의 사혈 시, 어혈이 잘 나오지 않는 상태에서 부항기압을 강하게 걸어두면 압력에 의해서 큰 혹처럼 돌출될 수 있습니다. 돌출된 혹은 사혈을 마치고 소독을 한 후에 탈지면을 대고 손바닥으로 가볍게 좌우로 돌려주면서 압을 가해주면 대부분 밀려들어갑니다. 혹시라도 돌출된 부분이 완전히 들어가지 않고 남았더라도 1~2일이 지나면 원상태로 돌아가기 때문에 걱정하지 않아도 됩니다. 사혈을 반복할수록 이러한 현상은 사라지므로 인체의 어느 부위든지 같은 방법으로 대처합니다.

7) 어혈이 잘 나오지 않는 상태에서 장시간 압을 걸어두었거나 신장의 기능저하로 산도가 높은 부위는 세포가 건강하지 못하기 때문에 아무리 조심해도 수포가 생기는 경우가 있습니다.

발생된 수포는 사혈 핀을 이용하여 물집만 짜내면 상처가 쉽게 회복됩니다.

8) 수포나 사혈부위의 피부손상이 심한 경우에는 바세린을 발라주면 사혈의 흉터를 빠르게 회복시키는데 도움이 됩니다. 단, 수포가 발생된 피부를 뜯어내는 행위는 금물입니다.

9) 신장의 기능이 떨어진 사람일수록 수포가 잘 생기고, 간의 기능이 떨어진 사람일수록 검푸른 사혈의 흔적이 심하게 나타납니다. 하지만 사혈을 반복할수록 혈관이 열리기 때문에 세포가 건강해지는 만큼 사혈의 흔적은 줄어듭니다.

10) 사혈 시 부항컵이 자꾸 떨어지거나 부항컵 안에 거품이 발생하는 경우가 있습니다. 이것은 피부가 건조하여 미세한 공기가 들어가서 발생되는 현상입니다. 이때에는 바세린 또는 자체 혈액을 부항컵 주변(부항기가 살에 압착되는 부분)에 바른 다음 다시 부항컵을 붙이면 피부와 밀착되어 컵이 떨어지거나 거품이 발생되지 않습니다.

🔔 사혈 중에 일어나는 현상들

1) 처음 사혈을 시작하면 어혈이 잘 나오는 곳과 애를 먹이며 늦게 나오는 곳이 있습니다. 이러한 현상은 그 곳에 쌓인 지가 오래 되었다는 증거로 보면 됩니다. 인체 구조상 대부분의 사

람은 2-3번 혈이 제일 고생을 하며 늦게 나오고 그 다음 고생을 하는 곳이 6번 고혈압 혈입니다. 2-3-6번만 잘 나온다면 나머지 혈은 특별한 경우를 제외하고는 무리 없이 잘 나옵니다.

2) 누구든지 처음 사혈을 시작해서 어혈이 잘 나오기 시작하면 상태가 호전되다가, 체력이 달리기 시작하면 답보 상태를 유지하며 서서히 호전됩니다. 그리고 사혈을 끝내고 난 다음 2-3개월 정도 지나고 나면 호전 속도가 아주 빨라집니다. 이러한 현상이 오는 이유는 사혈을 하는 동안은 혈액이 만들어지면 빼고 만들어지면 빼고 하기에 두통이나 근육통은 사라져도 정상적인 컨디션을 유지하기는 어렵기 때문입니다.

3) 2번 혈(위장혈)과 3번 혈(뿌리혈)을 사혈해서 어혈이 나오기 시작하면 처음에는 피부가 부드럽고 촉촉해지며 윤기가 납니다. 그러다가 어혈이 다 빠져 장 기능이 급속히 호전기에 접어들면 일시적으로 피부가 건조해지며, 마른 비늘 같은 것이 일어납니다. 주근깨나 검은 반점의 윤곽이 더 선명해지다가 서서히 없어지며, 마치 뱀이 허물을 벗 듯 피부가 깨끗해집니다. 이러한 현상은 기존의 오래된 수면세포가 새로운 2세 세포를 남기고 노후세포는 떨어져 나가는 과정에서 일어나는 결과입니다. 이 과정에 접어들면 몸에서 때의 양이 많아지며 평소보다 때가 잘 밀리고 목욕을 할 때마다 피부가 깨끗해지는 것을 느낄 수 있습니다.

4) 사혈을 하는 도중 피 검사를 하면 두 번 놀랠 일이 있습니다.

116

사혈 도중에 피 검사를 하면 혈액 속의 헤모글로빈 수치가 떨어져 있다는데 놀랍니다. 헤모글로빈 수치가 그 정도 떨어지면 일반적으로는 일상의 움직임이 힘든데 막상 본인은 조금 힘은 들어도 별 무리 없이 생활을 할 수 있다는 데서 더욱 놀랄 것입니다. 두 번째는 사혈이 끝난 다음 3개월쯤 지나서 피 검사를 하면 혈액이 깨끗해져 있다는 데 놀랄 것입니다. 사혈을 하는 동안은 헤모글로빈 수치가 떨어지는 것이 당연하고, 사혈이 끝나면 장기의 기능이 호전 된데다 어혈의 탁한 피를 뽑아 버렸으니 남아 있는 피가 깨끗해지는 것은 당연한 결과입니다.

5) 사혈의 양이 지나쳐 혈액이 부족해서 오는 상태가 나타나면 사혈을 중단하는데, 2-3개월 지나 혈액이 보충되면 사혈을 하기 전보다 월등히 좋아진 상태로 호전되기에 피가 부족해서 나타나는 상태는 혈액이 보충되면 없어지는 것이 상식입니다.

6) 사혈을 해주면 통증이 완화되다가 2-3일 지나면 다시 통증이 나타납니다. 이러한 증상은 주변의 어혈이 다시 내려와 막혔다는 증거이지 습관성은 아닙니다. 사혈은 다시 내려올 어혈이 없을 때까지 해주어야 상태가 재발하지 않습니다.

7) 누구든지 체력이 달리는 현상을 완화하며 사혈을 하고 싶다면, 사혈의 순서를 철저히 지키면 됩니다.

8) 사혈 중에는 초·육식성 동물 고기를 제외한 어떠한 식품이든 소화만 된다면 많이 먹을수록 좋습니다. 또한 사혈 중에 죽염은 필수적으로 섭취해야 합니다. 사혈을 하면 혈액 속에 있는

염분 농도가 떨어지므로 떨어진 만큼 충분히 보충을 해주어야
합니다. 그밖에 마른 멸치, 포도즙, 철분 등은 조혈에 도움이
되니 섭취를 해주면 좋습니다.

9) 사혈의 경험이 없는 사람의 말은 귀 기울일 필요가 없습니다.
순환기성 장애 계통의 질병에는 사혈요법보다 개선이 빠르게
호전이 되는 방법은 없습니다.

10) 상태가 오래될수록 어혈의 양은 많고 어혈의 농도가 뻑뻑해
서 빼는데 고생을 합니다.

🔔 심천생리학의 약성 적용과 진단시각의 중요성

인체를 한 부분씩 끊어서 자동차 부품 보듯 하는 진단 시각과 한
장기의 기능저하가 연쇄적 합병증을 키워나간다는 생리이치의 진단
시각 차이가 어떻게 달라지는지 그 과정을 이해하면 심천생리학의
소중함이 보일 것입니다.

예를 들어, 왜 현재 순환기 계통 질병 대부분이 만성 불치병으로
커질 수밖에 없는지 그 과정을 심천생리학을 기준한 시각으로 의문
을 가져봅시다.

1) 통풍성 통증, 말기암 통증, 풍치성 통증이 병명과 상태가 달라
도, 발병 원인은 강산입니다. 강산의 산화 작용이 체세포의 피

부를 녹일 때 체세포의 통증이 뇌에 전달된 상태가 위 나열된 병들의 원인이라 진단을 한다면, 통증의 주범 강산을 해독해 주는 치유를 해야 하는 것이 진단과 치유 시각이 일치 하는 것입니다. 위에 나열된 상태에 통증이 있다고 진통제를 처방 하는 치유시각이 올바른 치유시각이 될 수 있을까요?

2) 강산이 산소부족을 심화시키고, 산소부족이 인체의 면역기능을 떨어트려 세균이나 바이러스 감염이 되면, 강산을 해독하여 혈액속의 산소 함유량을 높여주어 인체의 면역기능 자체를 호전시키는 치유를 해야 합니다. 면역기능이 떨어진 원인제공을 한 탁혈은 그대로 둔 채, 항생제를 쓰게 되면 항생제의 살균 기능이 피를 맑아지게 하고, 면역기능 자체를 호전시키는 약리기능을 할까요?

3) 관절 부위의 말초모세혈관이 막혀 산도가 높아지고, 높아진 강산이 디스크나 골수를 산패시키고, 골수 부족이 디스크를 마모시켜 퇴행성관절염이 발병하였다고 가정해보겠습니다. 이때에는 피의 흐름을 원활하게 하여 산도를 떨어트림과 동시에 피가 돌아 영양공급이 이루어져 골수가 생산되는 치유를 하여야 합니다. 염증이 있다고 항생제, 통증이 있다고 진통제, 망가졌다고 이식 수술하는 치유시각으로 퇴행성관절염 원인치유와 예방 치유의 효능을 과연 얼마나 낼 수 있을까요?

4) 강산이 소장에서 흡수된 각종 영양분을 산화작용으로 녹이기에 악성 빈혈, 또는 재성 불량성 빈혈이 발병한다면, 원인물질 강산을 해독하여 영양분 파괴를 막는 치유를 해야 합니다. 그

런데 강산의 산화 작용이 영양분을 녹이는 현상을 그대로 둔
채, 피가 만들어지는데 필요한 영양분만 공급해 준다는 치유
시각으로 악성빈혈, 재생 불량성 빈혈 상태가 치유 될 수 있
을까요?

5) 심장의 말초 모세 혈관을 막고 있는 어혈이 굳어 심근경색이
발병하였다면 말초모세혈관을 막고 있는 어혈을 녹여서 없애
는 치유를 해야 합니다. 그런데 막힌 말초 모세혈관은 막힌
채로 두고, 관상 동맥혈관에 관을 박는다고, 관상동맥 끝 말초
모세혈관이 뚫리는 치유 효능이 나타날 수 있을까요?

6) 심장의 말초모세혈관을 막아 심근경색을 발병시키려면 혈액속
의 산도가 높아야 하고, 강산의 화학 반응이 혈액속의 지방단
백질을 응고시켜 심장의 말초모세혈관을 막게 되면 심근경색
으로 진행됩니다. 그런데 심장의 관상동맥에 관을 삽입하는
치유 행위가 강산을 해독하여 다시 혈전이 생기지 않게 되어
심근경색의 진행을 막는 치유 효능으로 나타날 수 있을까요?

7) 심장근육이 늘어지거나 판막 손상은 심장이 피를 끌어들일 때
나 밀어낼 때 혈관이 막혀 심장이 무리한 힘을 쓰다 발생한
상태이기에, 심장으로 들어오고 나가는 혈관을 열어 피 흐름
을 원활하게 하여 주어야 재발하지 않는 치유가 됩니다. 그런
데 판막을 전기로 지져 수축시키고, 인공 전류를 강화시켜 심
장의 수축팽창을 도와주는 치유행위가 심장으로 들어가고 나
가는 핏 길을 열어주는 치유 효능과 심장에 전달되는 뇌파가
강화되는 치유 효능으로 나타날 수 있을까요? 차라리 심장에

전달되는 뇌파 약화의 원인제공인 신경선의 피복 복원치유에 효능을 나타내는 8-5-30-9번 혈을 사혈하여 주면 어떠한 치유 효능이 나타날까요?

8) 강산의 화학 반응이 간의 말초 모세혈관 속 철분, 석회질, 칼슘, 콜라겐 성분을 화학 반응으로 응고시켜 굳으면 간경화 강산이 간세포의 표피를 산화 작용으로 녹이는 기능이 간세포의 생명에 위협을 주어 비정상으로 세포 분열을 빠르게 하는 상태가 간암인데, 간경화 간암 부위를 수술로 잘라낸다고, 색전술로 혈관을 막아버린다고 강산 해독 효능이 나타난 피를 맑아지게 하여 간경화 간암의 진행을 막는 치유 효능이 나타날까요? 차라리 간경화 간암을 유발시키는 원인물질 강산을 해독하여 주며 신장과 간의 기능을 호전시킨다고 주장하는 8-5-30번 혈을 사혈하여 보면 어떠한 결과가 나올 수 있을까요?

9) 각종 암의 발병 원인 제공이 강산이 주범이라면 항암치유나 방사선 치유를 하는 개선반응이 강산을 해독하여 피를 맑아지게 하여 간경화, 간암의 진행을 막는 개선반응이 나타날 수 있을까요?

10) 녹내장의 합병증으로 망막색소 변조증 또는 시신경이 녹아버린 실명입니다. 이 상태의 공통점은 안압이 높기에 안압을 낮추는 치유 효능이 해법이라 생각할 수 있지만, 심천생리학의 생리이치를 기준한 시각으로 진단하면 다릅니다.

간의 기능 저하로 탁혈(중산)상태에서 어혈(혈전)이 생성되었고, 그 어혈이 동공이나 동공을 거쳐 나가는 쪽의 혈관을 막은 것이 안압이 높아진 원인이요, 동공의 혈액 흐름에 장애를 받아 혈질이 강산성화 되었으며, 강산의 산화 작용이 시신경을 녹이면 실명이 되고, 망막 색소와 화학반응을 일으키면 망막 색소 변조증으로 진행된다는 진단시각입니다. 이때 안압을 낮추어주는 현대 의학의 치유 효능이 동공의 산도를 떨어트려 시신경이 녹는 현상을 중단 시킬 수 있을까요?

동공의 산도가 상대적으로 높아진 원인은 고인물이 썩듯이 혈관이 막혀 피의 유속이 느려진 것이 원인입니다. 흐르는 피의 산도가 높아진 원인이 간 기능저하라면, 이미 혼탁해진 혈질(강산)은 강산 해독제의 기능으로 해독시킵니다. 또한 고인 물을 흐르게 하여 정화하듯이 1-17-20번 혈을 사혈하여 동공의 혈액 흐름을 도와주어 산도를 낮추어 줍니다. 재발을 막기 위하여 진액을 섭취하면서 8번 혈을 사혈하여 간 기능 자체를 호전시켜 흐르는 피를 맑게 해주는 치유개념이 옳지 않을까요?

이것이 한 단면만 끊어서 진단하고 처방하는 시각과, 각 상태의 발병원인을 생리이치의 시각으로 진단하고 치유 방법을 도출하는 시각차입니다. 여기에 신장 기능이 떨어진 초기 약산 상태에서 치유를 한다면 중산이 될 수 없고, 중산 상태에서 신장과 간의 기능을 호전시킨다면, 강산 혈질이 될 수 없다는 시각을 가지게 된다면 왜 심천생리학을 사명감을 가지고 보급시키려 하는지 이해가 될 것입니다.

이 내용을 이해하기 쉽게 풀어주면 신장기능이 떨어진 초기 또는 신장과 간의 기능이 동시에 떨어진 초기 고혈압 단계에서 보사의 균형을 맞추어 6-8번 혈을 사혈하여 신장과 간의 본질적 기능 자체만 호전시켜 주어도, 혈질이 썩는 강산 상태를 막을 수 있습니다. 강산이 원인이 되어 발생하는 각종 불치병을 예방할 수도 재발하지 않는 치유도 가능하다는 주장을 강조하고 있는 것입니다.

진단상 위에서 나열된 상태가 있거나 말초모세혈관이 팽창되어 피부가 붉게 상기되고 담석 등이 있다면 혈질은 강산으로 분류됩니다. 이 강산을 해독시키기 위하여 심혈을 기울인 것이 강산해독의 적용이며, 진액입니다.

🔔 해독원리란?[7]

해독의 원리란 심천생리학의 기초인 자연의 생리이치를 기준으로 보았을 때, 이독제독의 원리 즉, 독과 독이 만나면 중화되어 해독이 되는 이치를 말함인데, 해독하고자 하는 독보다 한 단계 낮은 독을 처방하는 것이 해독의 원리입니다.

인체에 축적된 독은 약산, 중산, 강산으로 분류됩니다. 독(毒)성분은 인체의 각 장기세포가 영양분을 먹고 소화시키는 과정에서 불완전연소물질의 생성으로 축적됩니다. 그렇다면 각 장기세포가 먹은 영양분을 가진 약제를 미생물이 먹고 배설하게 하는 법제과정을 거치면, 한 단계 낮은 해독제가 만들어진다는 이론이 성립됩니다.

여기에 인체의 모든 체세포, 뼈, 간, 인대, 각 기관의 조직들이 어떠한 물질과 화학반응을 일으키면 제3의 물질이 만들어지는지를 생각해보기 바랍니다. '식물이 자신의 몸을 방어하기 위한 수단으로 지니고 있는 독성분인 비린맛, 쓴맛, 떫은맛, 신맛 그리고 아린맛의 성분이 식물의 어떠한 화학반응으로 그 성분을 만들었는가?' 하는 화학반응의 이치를 풀면, 혈액 속에 축적된 독성분과 약초가 가지고 있는 독성분을 만나게 하여 해독하고, 혈질의 상태에 따라 해독 처방의 가감(加減)을 하는 것은 어렵지 않을 것입니다. 심천생리학의 처방원리는 이러한 내용을 기초로 하고 있습니다.

🔔 산도(酸度)에 따른 질병의 진행 과정[8]

'화학반응의 이치와 인체의 모든 독자적 생명체는 스스로 살아남을 방편의 깨우침은 본질적으로 가지고 있고 행동으로 옮길 수 있습니다.'라는 시각을 기준으로 해야만 이해가 가능합니다.

신장의 기능저하로 혈액속의 요산농도가 높아지게 되면, 요산의 농도에 따라 화학 반응이 다르게 나타납니다. 아래는 단계별로 질병의 진행 과정을 보이도록 하겠습니다.

단계1. 요산의 농도가 가장 낮은 단계인 산소부족 상태에서는 만성피로와 함께 체세포의 소화능력을 떨어뜨려 체세포가 소장에서 흡수한 영양분을 먹어치우지 못한 만큼 혈액 속에 누적되면 고지혈증을 유발시킵니다. 이때, 이 혈질을 정상혈액으로 되돌리기 위한 조혈식품은 청국장이 있습니다.

단계2. 요산의 농도가 한 단계 더 높아지면 높아진 산의 화학반응에 의해 혈액 속에 있는 지방과 단백질을 응고시키게 됩니다. 이것이 바로 말초모세혈관을 막게 되는 주범인 어혈이 만들어지는 것입니다. 이는 두부를 만들기 위하여 두유 물을 만들어 놓은 다음 간수를 넣으면 두부가 만들어지는 이치와 같습니다. 이때의 요산을 해독하기 위한 것이 바로 요산해독제입니다.

단계3. 신장의 기능이 저하되면 산소부족이 되는데, 이로 인한 합병증으로 간의 기능까지 떨어지게 되면 간세포가 먹어치우지 못한 타닌성분의 수치가 일정수치 이상으로 높아지게 됩니다. 그러면 혈액속의 지방, 단백질, 칼슘 그리고 철분 등이 화학반응을 일으키게 되어 단단한 물질이 형성됩니다. 이 물질은 다양한 형태로 인체의 어떤 곳에서든지 만들어집니다. 이러한 성분 즉, 타닌성분을 해독하기 위한 것으로는 중산해독제가 있습니다.

단계4. 신장의 기능저하로 인한 합병증은 요산이 생성되는 것이고, 간의 기능까지 떨어지게 되면 합병증으로 타닌성분이 만들어지게 됩니다. 신장과 간의 기능이 점점 더 나빠질수록 타닌성분의 수치도 더 높아지게 되는데 일정수치 이상이 되면 화학반응을 일으켜서 제3의 물질인 칼륨 혈질이 됩니다. 강산(强酸)인 칼륨 혈질이 간에서 형성되어 굳으면 간경화가 됩니다. 물혹 안에서 형성되면 섬유종, 피부의 말초모세혈관 속에서 형성되면 거북등, 작은 수포 내에서 형성되면 물 사마귀, 인체의 모세혈관 전반적인 부분에서 형성되면 근육경직 등의 증세가 발병됩니다. 체세포의 표면을 강산의 산화작용으로 녹일 정도가 되면 체세포가 생명의 위협을 느끼게 되어 죽기 전에 2세를 많이 남기려는 본능에 의해서 체세포가 정상세포보다 세포분열을 빨리하게 되어 암이 발생합니다. 암을 유발시킬 정도의 강산인 칼륨 혈질을 해독하기 위해서는 강산해독제가 필요합니다.

🔔 조혈식품과 사혈의 적용에 대한 이해

좋은 음식, 영양제, 건강식품, 링거 등이 우리 몸에 적용될 때 항상 반감작용과 감쇄작용이 있습니다. 장에서 흡수가 되지 않고 빠져나가는 부분, 흡수 된 성분들이 산화되는 부분, 혈관이 막혀서 체세포에게 도달되지 않는 부분들, 수질이 2급수와 4급수인 두 곳에 먹이를 각각 줄 때 물고기가 먹고 소화 흡수한 후 일정 시간이 지나게 되면 물고기의 살찐 정도, 물의 탁도 그리고 불순물이 생기는 정도를 시각적으로도 구분할 만큼 큰 차이가 날 것입니다.

조혈식품의 약성을 잘 적용하여 최대한 흡수시키게 해서 체세포까지 도달하게 하는 효율적인 최적의 방법은 세 가지로 구분됩니다.

첫째, 해독(신장, 간)

둘째, 순환(모세혈관)

셋째, 온도(소장)

각자의 혈액 산성도에 맞는 이독제독의 원리를 적용하고, 교차로와 같이 중요 혈관 분포가 많은 곳이 열리고, 소장의 흡수기능이 살아나면 음식, 건강식품 등을 적용할 때 손실되는 부분을 최소화할 수 있습니다.

사혈이 충분히 되지 않았을 때는 장의 온도를 높이고 해독제를 잘 적용하고 혈액순환이 잘 되게 해주면서 적용할 때 최대한의 효과를 이끌어 낼 수 있습니다.

해독을 위한 해독제도 각각의 특성과 작용이 있기 때문에 어떻게 섭취하는 것이 비용대비 효과적인 기대치를 이끌 것인지와 사혈의 병행에 있어서 시너지효과를 극대화시키는 것이 무엇보다 중요합니다.

그렇기 때문에 조혈식품을 불규칙적으로 소홀하게 먹을 경우 비효율적인 결과를 초래하게 됩니다. 이독제독의 원리, 음양의 원리, 화학반응의 원리, 발효의 극대화와 농축의 필요성 내지는 보사의 전체적인 균형을 맞추어 자신에게 알맞은 최고치를 이끌어 내는 것이 심천사혈의 핵심입니다.

🔔 피부족 현상 극복 방법

혈액이 부족하여 나타나는 원인은 다양하지만 크게 산소부족과 요산수치가 높아짐에 따른 현상이 나타납니다.

- **산소부족(압력 관련)**

두통, 안압, 시력저하, 무기력, 숨참, 귀울림, 잔뇨, 소화불량, 변비, 개기름 등

- **요산 수치(산화, 액화(질소))**

각종통증, 가려움증, 통풍, 시리고 저림, 몸이 붓는다.

- **영양 부족**

각종 영양분이 부족하여 체세포의 생명활동 둔화 등으로 나타납니다.

※ 사혈의 주의점을 인지하고 사혈을 하였지만 피부족 현상을 겪게 되었을 때 극복 방법은 아래와 같습니다.

1) 최대한 안정적인 사혈을 합니다(조혈에 대한 조치, 충분한 휴식기, 기본사혈에 충실, 반칙 사혈 금지).

2) 사혈 시 영양분, 염분, 철분, 해독은 필수적으로 적용 합니다.

3) 휴식기를 가진 후 새로이 사혈을 시작 할 때에는 빈혈 수치를 한 번씩 체크 합니다(Hb 8이하 사혈 중지).

4) 조혈식품인 요산해독(신장-약산), 중산해독(간-중산), 강산해독(강산)의 역할과 청국장(고지혈 분해), 멸치죽염(영양분과 염분의 보충), 죽염(염분 보충), 포도즙(철분 보충)의 섭취로 체내 환경을

안정화시키면서 사혈합니다.

5) 철분제, 알부민, 아미노산, 셀레늄, 비타민 등 영양제를 상태에 맞게 적용합니다.

🔔 보사(補瀉)의 균형이란?9)

보(補)는 보충의 의미로 '영(營養), 염(鹽分), 철(鐵分)' 모두를 포함함을 의미하고, 사(瀉)는 어혈을 빼내는 것을 말합니다. 사혈을 통해 어혈을 제거한 만큼 비례해서 '영(營養), 염(鹽分), 철(鐵分)'을 채워주어서 보사의 균형을 맞추어 주어야만 합니다. 보사의 균형은 꼭 지켜야만 하는 중요한 부분입니다.

● 철분과 영양분이 부족할 경우
단계별 증상
    1단계: 피부색이 창백해집니다.
    2단계: 피부색이 노란빛을 띱니다.
    3단계: 만성피로와 함께 조금만 걸어도 호흡이 가빠지고 가슴이 뜁니다. 귀울림 현상과 함께 부종이 오며, 조금만 걸어도 다리에 힘이 빠집니다. 또한, 소화기능이 떨어지고 식욕이 상실됩니다.

철분과 영양분의 보충방법

① 영양분의 보충-복합진액을 섭취
② 철분의 보충-통상 어혈 120cc정도의 사혈기준 시, 철분제+식
  염수(100cc)보충

● **염분이 부족할 경우**

손과 발, 머리 또는 몸 전체에 고열이나 한기가 듭니다.

염분의 보충 기준: 사혈양 200cc를 기준으로 했을 때, 죽염수는
1주일에 1~2잔을 마십니다(죽염수 만드는 방법: 따뜻한 물
300cc+죽염1작은술+꿀3큰술). 단, 염분보충이 지나칠 경우 부종
이나 혈압 상승의 위험이 있습니다.

● **참고사항**

일반적으로 사혈을 할 경우 헤모글로빈의 수치가 떨어지는 것이
정상입니다. 하지만 어떤 경우에는 헤모글로빈의 수치가 떨어지지
않고 사혈을 한 만큼의 혈액양만 줄어드는 경우가 있습니다. 비록
헤모글로빈의 수치가 정상이지만 숨이 차거나 호흡곤란, 심한 두통
이 발생되기도 합니다. 이런 경우에는 알부민 또는 수혈을 해주고
두통의 경우에는 1-9번 혈을 사혈해주고, 숨이 차는 증세는 5-30
번 혈을 사혈해주면 됩니다.

▷ ▶ ▶ ▶ Part 4

사혈의 약성편

"

인체는 스스로 치유하는 것이지
사람이 치유하는 것이 아니다.
즉, 사람의 치유 한계는 인체가 스스로
복원치유 할 수 있도록 여건만 만들어 줄 수 있다.

심천 박남희

🔔 약성의 원리

- 쓴맛(음): 어혈, 지방, 단백질을 분해하는 기능
- 단맛, 고소한 맛(양): 인체의 체온을 향상 시키는 기능
- 매운맛(양): 인체의 체온을 향상 시키는 기능
- 아린 맛(음): 마취기능(통증을 완화하는 기능)
- 신맛, 떫은맛(음): 해독기능(간 기능 저하에서 누적되는 독)
- 비린 맛(중성): 신장기능 저하의 요산 해독 기능(이뇨작용)
- 짠맛(음): 해열작용, 침입한 미생물을 무기력하게 하는 기능, 어혈, 지방, 단백질 분해하는 기능
- 기분 좋은 향: 청궁, 작약, 당귀에서 나는 향은 일종의 흥분제 (피로 호전 기능)
- 쌀뜨물처럼 나오는 식물: 뼈와 간, 췌장의 조직 세포 형성에 도움을 주는 영양소
- 무색, 끈적한 어묵처럼 나오는 식물: 백혈구의 식량이 되고 골수에 필요한 성분이며 지방을 분해하는 기능
- 물처럼 묽게 나오고 짠맛과 비린 맛을 지닌 식물: 요산 해독에 탁월한 효능이 있습니다.

이를 근거로 하여 자유롭게 처방을 할 수가 있습니다. 처방은 사람의 몸 상태에 맞게 적절히 조화를 이루어야 하며, 요리사가 맛있는 음식을 만드는 것과 같은 역할인 것 같습니다.

🔔 약초의 약성이 인체에 미치는 기능적 역할

인체의 흐름을 잘 이해하면 약성의 한계점을 이해할 수 있습니다. 모든 약재는 환경에 따라 적응해가는 과정에 각자의 특성에 맞는 성분이 있습니다. 특히, 모든 약성은 우리 몸이 유기체적인 먹이사슬의 관계라는 것을 전제로 풀지 못하면 안 됩니다.

신장기능이 떨어지면 요산수치의 증가로 체내의 산소결핍 현상이 생깁니다. 이로 인해서 각 장기의 소화불량으로 인한 대사기능이 떨어지거나 불완전요소 물질들이 생겨서 2차적인 질병의 원인제공을 합니다.

헛개나무와 같은 성분의 주된 작용은 해독 작용입니다. 헛개나무가 간에 직접 작용하기 보다는 간이 소화불량, 지방간, 염증이 생긴 주원인은 신장 기능이 떨어진 합병증이라는 것을 정확히 이해를 해야 합니다. 이러한 해독기능이 간 기능의 분해, 합성, 소화, 해독의 기능적 역할들이 개선되면서 각종 염증, 피로, 혈압, 고지혈증, 두통, 소화불량 등이 개선되는 것입니다.

모든 질병이 신장기능이 떨어진 합병증이라는 것을 잘 이해하고 위 상태들이 왜 생겼고 왜 개선이 되는지를 안다면 약성은 혈액내의 환경개선을 통한 호전이지 기능이 떨어진 장기 자체를 개선시키는 기능은 약하다고 보면 됩니다.

특정 성분의 약초를 계속 먹으면 몸이 좋아집니다. 하지만 일정 시간이 지난 후에 그 약성을 멈추고도 개선됨이 유지가 되어야 하는데 이미 만성이 된 상태에서는 다시금 원위치로 되돌아가는 것을 보게 됩니다. 이러한 점이 약성이 가진 한계점입니다.

하지만 심천생리학은 이미 탁해진 혈액을 인위적으로 맑게 해주고 어혈을 녹여주고 영양의 보충의 약성을 이용해서 막힌 것을 뚫어주는 것만으로도 많은 시너지효과를 내는 것입니다.

약성이 발휘되려면 혈관이 열려야 하고 혈관의 열린 상태가 유지되어야 세포가 분열됩니다. 사혈의 강점은 강제기능으로 막힌 것을 열어놓았고 나머지는 체세포가 분열을 잘 하도록 환경조성을 해주는 것입니다.

나이가 들면서 노화가 오고 기능이 떨어지는 주된 요인은 어혈이 혈관을 막아 분열이 되지 않기 때문입니다. 그렇기 때문에 약성 몇 가지로 근본적인 질병을 뿌리 뽑는 것은 가벼운 증상이거나 특정 변수의 경우를 제외하고는 약성 적용의 한계점이 있습니다.

우리가 하는 사혈과 약성의 적용은 인체의 주체인 체세포를 위한 제한적인 행위입니다. 인체가 가지고 있는 가장 큰 약점은 막힌 것을 스스로 뚫을 수 없다는 것입니다. 이 부분에 있어서 근본적인 대안이 사혈인 것입니다. 약성은 보조적인 개념의 적용이지만 사혈의 효과를 극대화시키는데 있어서는 아주 중요한 부분이라서 쉽게 간과해서는 안 됩니다. 따라서 무분별한 약성의 적용이 아니라 원리를 잘 이해해서 꼭 필요한 적용으로 인체 내의 환경개선에 적정선을 맞추는 것이 중요합니다. 또한, 고단백불포화를 약성에 쓰는 이유는 어혈분해에 탁월하며 조혈에 있어서 영양적인 보충입니다. 특히, 흙이나 뻘을 먹고 자라는 붕어와 다슬기 그리고 오리 등은 해독기능에 더욱 효과적이기 때문에 간의 기능에 좋다고 오랜 세월 동안 인식되어진 것 같습니다.

🔔 사혈을 위한 약성의 적용

● **원료와 함량 및 적용법** (한 달 섭취 기준)

제피나무(600g), 오갈피나무(400g), 유근피(600g), 감초(150g), 금은화(100g), 포공령(100g), 옥수수수염(100g), 맥아(100g)와 돼지 족발 두 벌(8개)을 함께 넣고 중탕집에서 달여 1일 3회 7일 이상 섭취한 다음 사혈을 시작하면 어혈의 농도가 묽어져 어혈이 잘 나옵니다.

● **약성적용의 효능과 목적**

제피나무: 제피나무는 단일 약제로서 어혈을 분해하는 기능이 가장 뛰어납니다. 제피나무의 아린맛 속에는 오미(五味)가 들어 있습니다. 그리고 어혈을 녹이는 기능뿐 아니라 진정(마취)기능도 함께 있어 신경통이나 관절염 치유에 꼭 필요한 약제지만, 아린맛의 마취기능이 신장과 간 기능을 저하시킬 우려가 있어 반드시 돼지 족발의 해독 기능으로 독을 중화시켜서 섭취하여야 합니다.

오갈피나무: 무독성이며, 어혈을 분해하는 기능과 요산을 해독하는 기능이 있습니다.

유근피: 현대인 대부분은 위장이 건강하지 못합니다. 유근피는 위를 보호하는 기능과 영양 보충을 해 주는 기능이 뛰어납니다.

감초: 단맛은 양의 성분으로 장 속의 미생물을 왕성하게 하여 영양흡수가 잘 되게 하는 효능이 있습니다.

금은화: 꽃 속의 꿀은 영양 보충을 해 피로호전의 효능이 있으며, 비린맛은 요산을 해독하는 기능이 있습니다.

포공령: 포공령은 민들레를 말하는데 식물 중 음 의 성질인 염성의 성분을 가장 많이 가지고 있습니다. 염성은 세균의 번식을 막는 효능과 어혈을 분해하는 효능이 있습니다. 사혈을 하면, 혈액 속의 염분농도가 급격히 감소되므로 염분 보충이 필요합니다.

옥수수 수염: 이뇨 작용을 돕는 데 효능이 있습니다. 특히 비린맛은 요산을 해독하는 기능을 합니다.

맥아: 보리를 뿌리가 나게 한 다음 건조시켜 볶은 것이 맥아인데, 지방질과 단백질을 분해하는 기능이 있어, 소화흡수를 돕습니다.

돼지 족발: 제피나무의 독을 중화시키는 목적과 사혈을 해서 생기는 혈액 손실로 인해 부족해진 영양을 보충하기 위한 목적으로 사용합니다.

위의 약제는 구하기 쉽고, 효능은 강력한, 경제적인 측면을 고려한 처방입니다. 어떠한 약제든 쓴맛과 아린맛은 음의 성분으로 어혈을 녹이는 기능이 있습니다. 책 내용의 맛과 효능편을 참고하면 누구나 약제의 맛을 보고 처방이 가능할 것입니다. 유교문화의 권위의식이 한약처방을 신비함으로 포장해 놓았는데 사실 한약의 처방도 일정한 공식을 이해하면 아주 간단합니다. 약초의 가짓수가 아무리 많아도 오미(5가지 맛)를 벗어나지 못하며 인체의 약리 기능도 맛과 비례해 5가지의 약리 효능을 벗어나지는 못합니다.

🔔 이독제독의 원리

독은 독으로 제독합니다. 신맛, 떫은맛을 우리는 맛으로 즐기지만 몸은 독으로 인식하여 해독물질을 내보내게 됩니다. 감식초, 매실, 효소 등을 꾸준히 먹으면 약산성의 물질이 혈액의 산을 중화시킵니다.

미생물들이 먹고 배설한 이차적인 물질이 바로 약산성분입니다. 박카스의 타우린 신맛이 몸속의 요산을 중화시켜서 피로를 개선시켜주는 원리와 같은 것입니다. 또한, 바닷가 어패류의 비린맛과 옥수수나 호박과 같은 밍밍함도 혈액 속의 요산을 해독하는 주요 물질이 됩니다.

알레르기 증상이 갑자기 심할 때 하얗게 핀 오징어를 삶은 물을 마시게 되면 가라앉는데 이 원리 역시 비린 맛이 해독작용을 하여 두드러기가 가라앉는 것입니다.

몸이 붓는 것은 몸속에 독소가 많아 그 산을 희석시키려고 수분을 내보내지 않고 희석시키려는 작용입니다. 이때 이독제독의 원리를 적용하는 물질들을 섭취해 주면 독소가 빠지면서 붓기도 빠지게 되며 몸속에 산소가 풍족해 지면서 알레르기나 컨디션 개선이 되는 원리입니다.

우리 몸에 독소가 생기는 주된 원인은 에너지 대사 과정에서 필연적 발생되는 불완전연소물질 때문입니다. 이때 산소가 부족하면 더욱 더 독성 물질이 생기는데, 자동차가 연료를 태울 때 매연이 발생하는 이치와 같습니다.

산소부족의 주된 원인은 신장과 간의 기능 저하로 인하여 해독의 필터링 기능이 원활하지 않기 때문입니다. 장기의 기능이 떨어지는 것은 여러 가지 원인이 있겠지만 해당 장기로 유입되는 혈관이 막혀서 혈류량이 충분히 유입되지 않는 부분도 있는데 그 주범을 어혈로 보게 되는 것 같습니다. 결론적으로 피가 맑고 혈액순환만 잘 이루어지면 만병이 물러간다는 것입니다.

질병의 원인은 근본적인 시각으로 바라보고 다스려야 합니다. 하지만 현대의 치유법은 결과적인 시각으로 바라봅니다. 그렇기 때문에 병의 원인은 간과한 채 눈에 보이는 치유법으로 발전한 것 같습니다.

이독제독의 핵심중의 하나는 내 몸에 맞는 적용입니다. 동일한 다이어트의 해독제를 먹는데도 불구하고 어떤 사람은 붓기가 빨리 빠지고 또 다른 사람은 몇 개월이 지나도 효과가 없다고 합니다. 그 이유는 사람마다 장기의 기능저하에 따라 피의 탁도나 산도가 다르고 산소 용적률이 다르기 때문입니다. 그렇기 때문에 내 몸에 맞는 약성을 적용해야만 원하는 결과 치를 얻게 됩니다.

넘치면 독으로 작용하고 부족하면 약효가 없는 이치와 같기 때문에 각자의 혈액 환경에 맞는 요산 수치에 적어도 70~80% 정도 적용이 될 때 제대로 된 효과가 나타나는 것입니다.

TV에서 사극을 보게 되면 말기 환자들에게 독성이 강한 부자를 쓰는데 그만큼 암이나 불치병인 사람의 체내 환경은 강산성이기에 강한 부자를 써도 해독이 되었던 이치입니다.

따라서 개개인의 몸 속 있는 요산에 버금가는 주변 해독제들을 꾸준히 잘 적용하게 되면 비록 장기의 기능은 떨어졌지만 그 해독 기능을 대신해서 항상성을 유지시켜 줍니다. 하지만 해독을 시키지 않고 몸속에 독소가 쌓이게 되면 초기에는 피로, 피부 트러블, 탈모 그리고 몸이 붓습니다. 또한 고지혈증이 생기고, 고혈압이 생기는 흐름에서 벗어날 수 없게 됩니다.

내 몸에 맞는 해독제를 섭취하는 것은 이러한 상황을 개선시키고 나빠지는 상태를 조금 지연시키는 것이지 절대로 근본치유가 되는 것이 아님을 이해하고 평상시 꾸준한 자기관리가 필요합니다.

조혈식품으로 적용할 수 있는 해독제는 아래와 같습니다.

- **신맛:** 감식초, 비타민, 매실, 홍초 등
- **비린맛:** 어패류, 북어국, 명태, 미역, 함초 등
- **무맛(밍밍한):** 옥수수수염, 머위, 둥글레, 호박
- **발효:** 된장, 간장, 청국장, 김치, 동치미
- **각종 효소엑기스**
- **죽염:** 양을 분해하고 산성을 알칼리화, 환원력

● **식사 때 반주 한잔**은 해독, 그 이상은 독

결국 피를 맑게 한다는 것은 독소 배출, 풍부한 산소 그리고 충분한 영양공급으로 체세포들 스스로가 안정된 환경 속에서 항상성을 잘 유지하게 해주는 것입니다.

🔔 조혈식품의 약성의 적용기준과 응용과정[10]

조혈식품의 처방기준은 아래와 같이 세 가지로 구분됩니다.

첫째, 피를 맑게 하는 해독기능: 요산해독, 중산해독, 강산해독의
적용과 진액

둘째, 말초모세혈관을 막고 있는 어혈을 불려서 사혈 중에 잘 나
오게 하는 기능: 청국장환, 복합진액

셋째, 사혈로 어혈이 제거된 만큼 혈액생성에 필요한 각종 영양분
보충: 진액(營養), 철분보충(鐵分), 멸치죽염(鹽分), 죽염

조혈식품은 보조용이기 때문에 정량의 3배를 섭취한다고 하더라도 부작용은 발생되지 않습니다. 조혈식품은 화학약품이 아닌 순수성분만으로 가공되었기 때문입니다. 따라서 그 효능도 마취나 살충기능이 아닌, 혈질에 따라 혈액을 맑게 하는 해독기능과 고지혈증

영양분을 잘게 쪼개는 기능을 하기 위한 것이기 때문에 인체의 모든 증세의 목적에 따라 적용하면 됩니다. 각 증세에 따라 가감(加減)은 자유롭게 하여도 무방합니다.

● 청국장

고지혈증, 당뇨, 소화촉진, 어혈이 잘 나오지 않을 때, 조혈기능 회복은 물론 장 기능 활성화에도 도움이 됩니다. 청국장의 효능을 관찰하기 위한 대상으로 고지혈증이 있는 경우 꾸준하게 섭취하면 대부분 정상으로 돌아옵니다. 청국장환은 정량의 5배를 섭취하더라도 혈소판을 녹이거나 혈관벽을 부식시키지 않기 때문에 혈소판수치가 정상을 유지합니다.

● 요산해독제

요산해독기능은 이뇨기능을 활성화시키기 때문에 8번 혈인 신간혈의 사혈과 함께 요산해독제를 섭취할 경우 소변양이 늘어 붓기가 빠지고 피로회복에 좋습니다.

● 중산해독제

간의 기능저하로 간이 먹어치워야 할 타닌성분(중산)이 혈액속에 누적되고 화학반응이 일어나게 됩니다. 그런 경우 눈 밑, 엄지손가락 안쪽, 심한 여드름, 얼굴빛과 검푸른 빛을 띠게 됩니다. 이와 같은 타닌성분을 해독하여 혈액을 맑게 하기 위한 것이 바로 중산해독제입니다. 중산해독제를 꾸준히 섭취하게 되면 검은 혈색의 혈액이 밝은 선홍빛으로 바뀌는 것을 볼 수 있습니다.

● **강산해독제**

강산해독제는 조혈기능이 저하된 악성 빈혈상태, 신장과 간의 기능이 심각할 정도로 기능이 떨어져서 발병되는 백혈병, 신부전증, 당뇨, 암, 아토피, 간경화 등을 유발시킬 정도로 높은 혈질 즉, 칼륨 혈질의 탁혈을 해독하기 위한 목적의 해독제입니다. 강산의 해독기능은 심한 풍치성 통증완화와 신장의 기능저하로 인한 단백뇨 증세로 인해서 소변에 거품이 심할 경우에 거품이 사라집니다. 또한, 얼굴의 말초모세혈관이 터져 붉게 상기되었거나 혈색이 검푸르고 여드름과 개기름이 심한 경우에는 8번 혈(신간혈)의 사혈과 함께 강산해독제를 적용합니다. 이때, 피부색이 정상으로 돌아오고 붓기가 빠져야만 혈액을 맑게 해독하는 기능이 제대로 발휘된 것입니다.

- **참고사항**

강산해독제의 강한 해독기능은 이뇨작용을 활성화시키기 때문에 사람에 따라 변비증세가 심하게 나타날 수 있습니다. 이때에는 강산해독제를 섭취하는 동안에만 다시마 가루(혹은 환) 나 청국장환을 섭취하여 주면 변비를 피하면서 혈액을 맑게 유지할 수 있습니다.

● **진액**

진액은 이미 증세가 깊어져서 조혈기능이 저하된 경우에 적용하

면 효과적입니다. 진액의 기능은 피를 맑게 해독하고, 피가 만들어
지는데 필요한 영양분을 보충합니다. 또한 각종 병적 변위 물질을
녹이는 기능과 어혈불림뿐만 아니라 체력의 저하를 막는데 사용되
는 복합 조혈식품이라고 이해하시면 됩니다.

🔔 조혈식품의 특징

● 중산해독의 적용

요산해독을 적용하는 모든 재료는 국내산만을 사용하였고 방부제
나 기타 약품처리는 일체 사용하지 않은 순수 식품으로만 구성하였
습니다. 변질을 막고 장기보관과 섭취의 편리성을 위해 꿀 100%로
반죽하고 마지막으로 한 번 더 꿀을 입혀 환을 만들었습니다. 꿀의
특성상 피로호전, 조혈기능에 많은 도움이 될 뿐 만 아니라 방부제
역할까지 합니다. 하지만 습기가 높고 고온에서 보관을 하면 꿀이
녹아 환이 서로 달라붙을 염려가 있기 때문에 보관에 주의해야합니
다. 하지만 달라붙는 현상이 성분의 변질이 아니기 때문에 걱정하
지 않고 섭취해도 됩니다.

● 요산해독의 적용

요산해독의 적용에는 14종의 약초로 구성되는데 이중에서 80%는
비린맛을 내는 특성이 있습니다. 천궁, 당귀, 구기자, 인삼은 분말

가루를 사용하였고 나머지 10종류의 식물은 부피를 줄이기 위하여 장시간 달여 농축시킨 후 그 농축액으로 분말가루를 반죽하여 환으로 만들었습니다. 따라서 장기간 보관하고 섭취하기에 편리합니다.

● 멸치죽염

멸치죽염은 염분과 칼슘을 함께 섭취하는 것으로서 사혈을 하시는 분들에게는 많은 도움이 되는 조혈식품입니다. 멸치죽염에 사용된 멸치는 신선도를 우선시 하였고 죽염은 9회 구운 죽염을 사용하였습니다. 또한 인삼은 금산에서 직접 재배한 4~5년생을 구입하여 건조 분말하였고 방부제나 약품은 일체 사용하지 않았으며 변질을 막기 위해 꿀 100%로 반죽하여 만든 조혈식품입니다. 멸치죽염에 사용된 죽염의 양은 정도사혈을 하였을 경우 1일 2회 섭취량으로 죽염을 따로 섭취하지 않아도 염분보충은 충분합니다. 또한 죽염은 간수가 빠진 순수 염성이기 때문에 다소 섭취량을 늘려도 부작용이 없다는 장점도 있습니다.

● 청국장환

청국장환에 사용된 청국장은 순수 국산제품의 콩을 7일간 발효시킨 것입니다. 소금을 사용하지 않고 만들었으며 콩 단백질을 인체 흡수율 98%까지 끌어 올려 건조 분말시켰습니다. 이 분말에 천궁, 당귀, 죽염 등을 첨가하여 꿀로 환을 지어 만든 조혈식품입니다. 전통 발효인 청국장은 고혈압, 당뇨병, 심장병 등의 크고 작은 몇 십 가지의 효능을 가지고 있는 천연보약으로 불리기도 합니다.

- **죽염**

죽염은 국내산 천일염만을 엄선하여 최소 1000~1500℃이상의 고온에서 대나무, 황토, 소나무 그리고 맑고 깨끗한 물과 자연의 기운을 슬기롭게 조화시켜 자수정 빛깔의 죽염을 탄생시켰습니다. 자죽염은 고온에서 간수성분을 제거하고 우리 몸에 꼭 필요한 염분과 미네랄을 섭취할 수 있는 순수염분입니다.

염분과 면역력

인간의 혈액을 물로 비유하면 바닷물과 같습니다. 인체는 바닷물 속의 물고기처럼 염성에 충분히 면역이 되어 있는 반면, 침입 세균은 민물에 길들여져 있기에 염성에 약합니다. 세균이 모공을 통해 몸 안에 침입은 했지만 염성 때문에 활동을 못하다가, 땀과 함께 염분이 빠져 나가 혈액 속의 염분 농도가 묽어지면 그 때가 활동을 하기에 유리한 조건이 됩니다. 열사병의 고열을 떨어뜨리기 위해서는 소금물과 충분한 수분이 보충되어야 합니다.

죽염 섭취는 필수

사혈요법을 장기간 하다보면 생혈이든 어혈이든 빠져 나온 만큼 혈액 속의 염분 농도가 떨어지기 마련입니다. 현대의학에서 바라보는 염분은 무조건 해롭다는 편견을 가지고 있는데 이것은 대단히 잘못된 시각입니다. 자신의 가정이나 주변을 보세요. 짠 음식과 매운 음식을 기피하는 가정 치고 건강한 사람이 얼마나 있는지, 모두들 툭하면 잔병치레를 하고 특히 감기, 몸살을 자주 앓을 것입니다.

이것은 혈액 속 염분 농도가 떨어져 인체의 면역기능이 떨어졌기에 발생하는 합병증입니다. 감기몸살은 면역기능저하로 인한 만병의 출발점이 된다는 것을 인정한다면 새로운 시각의 접근이 필요합니다.

그럼 왜 소금보다는 죽염을 섭취해야 할까요? 소금 속에는 약 30% 정도의 간수 성분이 있습니다. 간수 성분은 지방질과 단백질을 응고시키는 역할을 합니다. 이 기능을 이용해 두부를 만드는 것입니다. 이 간수 성분이 인체에 들어오면 혈액의 지방질과 단백질 성분을 두부처럼 응고시켜 피의 흐름에 직접 장애를 주기에 해롭다는 것입니다.

이 기능이 말초 모세 혈관을 막고 염분 농도를 떨어지기 위하여 혈액 속 수분양이 늘어나 혈관의 피에 압력이 높아지는 현상이 고혈압입니다. 하지만 '적응적 진화는 대상에 대한 진화다.'라는 점과 '염성이 세균과 바이러스의 침투를 막는 역할을 한다.'라는 점을 고려하면 염성은 꼭 필요한 것입니다.

죽염은 간수 성분이 충분히 빠진 염성이기에 권하는 것입니다. 하지만 간수 성분은 산소에 잘 녹는 기질이 있어 소금을 사다 2년 정도만 놓아두면 저절로 녹아서 빠져 나갑니다. 같은 소금이라도 순수 짠 맛과 쓴 맛은 다릅니다. 순수 짠 맛은 염성이고 쓴 맛이 강하면 간수가 덜 빠졌다고 보면 됩니다.

🔔 죽염수 만드는 방법

● **준비물**
  큰 컵, 뜨거운 물, 꿀, 죽염, 작은 숟가락, 큰 숟가락
● **만드는 방법**
  ① 컵(400cc)에 뜨거운 물을 70% 채웁니다.
  ② 꿀(3큰 숟가락)과 심천죽염(1작은 숟가락)을 컵에 넣어 잘 저어줍니다.

  1주일에 1~2잔씩 마시게 되면, 환절기 감기를 예방하는데 효과적입니다. 단, 2잔 이상 섭취하지 말 것!

🔔 조혈식품의 중요성 이해

  사혈의 목적은 어혈을 빼내는 것이 목적이지만 부득이하게 생혈의 손실도 볼 수밖에 없습니다. 그런데 신장과 간의 기능이 많이 저하된 상태에서는 조혈이 원활하게 이루어지지 않습니다. 조혈기능

이 좋지 않은 사람이 사혈을 하게 되면 혈액이 빠져나온 만큼 혈액이 보충 되지 않아 피부족의 고통을 감수할 수밖에 없습니다.

단지 사혈을 시작하였다고 신장과 간의 기능이 정상적으로 활동하지 않습니다. 우리 인체의 각 장기의 기능이 하루아침에 저하된 것이 아니기 때문에 사혈을 함으로써 막힌 혈관이 열리고 영양과 산소공급이 이루어지는 부위부터 서서히 호전이 되는 것입니다. 이 때 장기의 기능이 호전되는 시점까지 저하된 장기(특히, 신장과 간 등)의 기능적 역할에 도움을 줄 수 있는 것을 섭취함으로써 일시적으로 혈액속의 독성분을 해독해 줍니다. 이러한 조혈식품 섭취로 체세포에게 맑은 혈액을 공급하게 되면 체세포가 깨어나는 속도가 빠르기 때문에 섭취를 권하는 것입니다.

조혈식품은 치유되는 동안 체세포의 환경을 임시적으로 개선시켜 주어 사혈하는 기간 동안에 빠른 호전을 도와주는 역할을 하는 것입니다. 조혈식품을 섭취한다고 해서 무한정 사혈해서도 안 되며, 항상 자신의 조혈기능에 맞게 휴식을 가져주면서 계획사혈을 해야 합니다.

▷ ▶ ▶ ▶ Part 5

사혈의 고급편

"

과학적 시각은 한 부분을 세심하게
따로따로 바라보는 것이고,
생리이치라는 것은 전체를 연결해서
바라보는 것이다"

심천 박남희

🔔 심천사혈요법의 근본 치유에 대한 의미 해석

심천선생님께서 심천사혈요법1, 2권에서 인급해 놓으신 글의 의미해석을 다르게 하시는 분들이 많은 것 같습니다. 글자마다 내포되어 있는 의미가 엄청 크지만, 자신이 알고 있는 만큼의 범위 내에서 각자 의미 해석을 하고 있습니다. 건강은 물론 생명과도 관련된 내용이기 때문에 절대로 쉽고 가볍게 해석해서는 안 됩니다.

● '2-3-6-8번 혈만 사혈하면 웬만한 질병은 집에서 충분히 다스린다.'의 표현에 너무도 많은 의미가 내포되어 있습니다. 그런데 많은 분들이 너무도 쉽고 가볍게 해석하시는 같아서 의미에 대한 표현을 하니 참고하기 바랍니다.

〈의미해석〉

"한 번 치유가 되면~"의 표현은 몇 차례의 사혈로 잠시 완화, 개선된 상황을 치유가 되었다고 생각합니다. 눈사태 현상에 대해서 언급을 했음에도 불구하고 습관성 사혈로 치부해 버리기도 합니다. 그리고 한두 번 사혈하면 다 좋아진다고 해놓고선 치유가 되지 않는다고 불평과 불신들을 하는 분들이 너무나 많습니다.

책에 분명히 기본사혈과 정도사혈에 대해서 심사숙고 할 만큼 상세히 설명을 해 놓고 그것을 바탕으로 표현을 하셨습니다. 그런데도 기본사혈의 시간과 과정은 무시한 채 처음부터 3개월 사혈 시 2-3-6-8번 혈을 다 건드려 놓고 1차 사혈 끝났다고 자랑삼아 이야기 하시는 분들도 너무나 많습니다. 조혈에 대한 조치는 등한시 하시는 분들이 대부분입니다.

잠시 몸이 개선되어 날아갈 듯 한 느낌에 매료되어 3개월 휴식 후 2차 사혈을 한다고 2-3-6-8번 혈을 또 사혈합니다. 한두 번의 사혈로 완화 효과가 오래 지속되는 분들은 일시적 소통 효과인데도 분명 치유가 되었다고 생각할 것이고, 어떤 분은 상태가 약한데도 몸 상태에 따라서 효과를 보지 못하는 분들도 있을 것입니다.

● '한 번 치유가 되면~'의 의미해석

'한 번 치유가 되면~'의 의미는 기본사혈을 충분히 어느 정도 끝내놓은 상태를 전제조건으로 한 표현입니다. 기본사혈을 끝내는 과정도 1~2년 이상이 걸립니다. 휴식기와 조혈에 대한 조치에 따라서 3~4년 걸리기도 합니다. 각자의 나이 퍼센트(예:45세의 경우 45%)를 기준으로 더 이상 내려올 어혈이 없다는 전제 조건이 있기 때문에 '한 번 치유가 되면'의 표현을 쉽게 해석하지 말아주시기 바랍니다.

뚝 위의 뻘은 그냥 놔둔 채 아래로 흘러온 것만 습관적으로 치운들 반복적임에서 벗어날 수 없으며 그 상황 속에서는 피부족 상황을 피해갈 방법이 없습니다. 기본사혈의 의미는 위에 쌓인 근본적인 뻘을 더 이상 내려오지 않도록 충분히 빼낸 이후의 경우에만 습관성, 반복적인 사혈에서 벗어날 수 있음이 기본사혈의 근본 취지입니다. 내 몸 스스로의 자생 능력에 의해서 아무것도 적용하지 않고도 건강함을 유지할 수 있어야만 재발하지 않는 기준을 치유의 개념으로 표현하신 것입니다.

또 '2-3-6-8번 혈만 사혈하면' 웬만한 질병은 다 치유되는 듯이 선생님께서 너무나 쉽게 함축적 표현을 해 놓으시다 보니까, 3개월 사이에 2,3,6,8번을 무조건 사혈하시는 분들이 너무도 많습니다. '2-3-6-8번 혈만 사혈하면'의 의미 속에도 많은 시간과 노력, 그리고 과정의 뜻이 내포되어 있는데도 너무나 쉽게들 문구만 보고 해석하고 정도사혈, 기본사혈을 무시 한 채 각자의 해석대로 사혈하시는 분들이 너무나 많은 것 같습니다.

다시 한 번 말씀 드리자면 내 몸의 기능저하, 조혈상태에 따라서 사혈의 양과 주기가 달라집니다. 또한, 호전시간이 달라지고 피부족의 다양한 현상과 느낌(고통)이 달라집니다. 조혈식품의 적용에 따라서 사혈의 시간, 기간, 고통, 호전 그리고 어혈의 양이 천차만별로 달라집니다.

책을 적어도 서너 번 이상 정독하시고, 인터넷의 동영상 강의 100개 이상 청취하시면 천군만마를 얻은 양 충분한 해법을 가지고 스스로 고통에서 벗어날 수 있을 만큼의 눈이 뜨이실 것입니다.

정도사혈, 조혈식품, 보사의 균형(수요와 공급)등은 백번 강조해도 지나치지 않을 만큼 큰 의미가 있기 때문에 선생님의 책을 쉽게 해석하고 고생하는 우려를 범하지 않으시길 바랍니다.

🔔 심천생리학의 혈자리 구성 원리에 대한 이해

심천생리학의 사혈점은 '모세혈관'에 초점을 맞추어야 합니다. 그렇지 않으면 기존의 중국식 표현에 이끌리게 됩니다. '기(氣)가 성해야 혈(血)이 돈다.'의 중국식 논리와 '혈(血)이 돌아야 기(氣)가 성한다.'는 심천생리학의 논리는 기존 의술을 완전히 뒤바꿔 놓은 신개념의 의술로 보아야만 합니다.

인체의 본체는 체세포이고 혈관구조상 혈액순환이 잘 이루어져야 건강하다고 표현한 부분은 혈관 전체의 80%를 차지하는 모세혈관을 두고 하는 말입니다. 우리가 먹고 마시는 일상의 모든 행위는 체세포를 위한 것이고 이들이 좋은 환경에서 잘 먹고, 잘 소화시키고 좋은 환경을 유지할 때 항상성을 유지하고 최상의 컨디션을 유지하게 됩니다.

하지만 어쩔 수 없이 생기는 어혈의 존재에 대한 이해와 순환의 구조를 잘 이해만 한다면 그 핵심은 모세혈관의 관점을 벗어나서는 질병의 해법을 풀 수 없습니다. 이 관점을 전제로 하여 심천생리학에서 바라보는 혈자리의 공통분모를 생각해 보도록 하겠습니다.

1) 심천생리학의 혈자리는 모세혈관이 집중적으로 모여서 힘과 에너지를 많이 소모하는 곳이 대부분입니다.

2) '일을 많이 한다.'는 것은 반복적인 경직과 소통의 문제를 야기하는 곳으로, 막혔을 때와 소통되었을 때의 영향력이 크게 발휘되는 곳입니다. 따라서 심천생리학에서는 이 곳을 주요 혈자리

로 잡았습니다.

3) 인체 구조상 직립보행, 중력의 작용과 물 흐름의 이치상, 혈관 분포가 위에서 아래로, 뼈와 근육의 사이에 혈자리가 집중적으로 잡혀 있습니다.

4) 동물의 본능으로 보았을 때, 일상을 유지하기 위해서 근육과 스트레스를 끊임없이 받는 곳에 혈자리가 집중적으로 잡히게 되는데 직업적인 영향도 크다고 할 수 있습니다.

5) 인체 구조상 모세혈관은 각 장기주변, 손끝, 발끝, 머리끝, 피부 표면에 가까운 진피 상층부에 많이 있습니다. 그렇기 때문에 인체의 혈관 구조도를 살펴보면 미세혈관 분포가 집중적으로 모인 곳을 확인할 수 있습니다.

6) 근육의 분포 상, 힘을 쓰게 되면 뼈를 잡고 있는 지점의 1~2cm 전 단계 부분에 쌓일 수밖에 없으며 간혹 단순어혈 위에 한층 더 더해진 어혈이 두텁게 형성되기도 합니다. 이러한 이유로 그러한 혈자리의 어혈은 섬유질화 되었거나 산도가 높고 수포가 잘 생기게 되어 있습니다.

7) 해당 혈자리 마다 어혈이 쌓이는 점도나 산화되는 층의 형성 과정이 다릅니다. 그러므로 혈자리의 깊숙한 곳을 사혈하거나 혈자리 주변의 어혈이 달려 나오게 해야만 효과를 보는 차이도 있습니다. 따라서 혈자리마다 움직임에 따른 어혈의 특성도 고려해 보아야 합니다.

8) 중국식 경혈과 중첩된 혈자리가 있습니다. 하지만 침을 이용한 합선으로 순환을 도모하고자 하는 행위와 어혈을 빼내서 순환을

도모하여 기(氣)를 잘 생성하고 소통시키는 행위자체가 다릅니다. 혈자리의 위치가 같다고 해서 혈자리를 동일한 개념으로 이해해서는 안 됩니다.

9) 심천식 혈자리에 침, 뜸, 지압 등의 행위를 해보면 침, 뜸, 지압만으로 얻어진 효과 보다 배가 되는 것을 알게 됩니다. 이것은 인체를 바라보는 관점이 혈이 돈다는 자연스러운 이치의 접근이 근본적 치유의 관점으로도 한발자국 다가선 개념으로 이해해도 무방하다고 생각합니다.

10) 심천생리학의 혈자리는 치유 혈자리가 아닙니다. 또한 특별한 비방(祕方)의 혈자리도 아닙니다. 인체 구조상 어혈이 쌓일 수밖에 없고 질병을 유발한 주된 원인이 혈관을 막고 있는 어혈이라고 보았습니다. 그래서 교차로와 같은 모세혈관의 원활한 소통을 위해서 자리 잡은 곳이기 때문에 병목현상이 일어난 곳을 해결해 주는 것만으로도 우리 몸은 자생 능력으로 원래의 기능으로 재생하는 기능이 있기 때문에 그 여건을 만들어주는 혈자리라고 보면 됩니다.

🔔 여타 요법에 익숙해 있는 분들을 위한 글

만병의 근원이 신장기능 저하로부터 비롯된다는 것을 정확히 인식해야 합니다. 신장기능의 저하로 혈액 스스로 정화기능이 떨어짐니다. 그리고 이차적인 어혈의 생성으로 모세혈관이 막히게 됩니다. 체세포 스스로 자생 능력을 잃어가는 악순환의 반복 속에서 신장과 간의 기능이 치명적으로 저하됩니다. 그러면 혈액속의 산소 용적률이 떨어지고 활성 산소가 많아지게 됩니다. 이런 상황에서 불완전하게 연소된 물질은 끝없이 생성이 되고 몸 스스로가 자정능력이 없기 때문에 생로병사의 흐름에서 벗어날 수 없게 되는 것입니다. 그동안의 수많은 방법들의 한계점이 있을 수밖에 없었던 이유는 아래와 같습니다.

첫째, 신장기능을 회복시키는 방법을 몰랐던 것.

둘째, 어혈로 인해서 모세혈관의 순환 장애의 원인적 관점을 해결하지 못했던 것.

셋째, 모세혈관에 막힌 어혈이 인체 스스로 소멸이 되지 않고 또 제거하는 방법을 몰랐던 것.

넷째, 이미 탁해진 혈액을 해독 시키는 관점이 약했거나 강산의 해독 물질을 찾아내지 못한 것.

다섯째, 인체의 자생 능력을 키워주는 방법이 혈관을 열고 영양과 산소공급을 통해서 체세포 스스로 재생하게 하는 것입니다. 단순한 근본적 방법임을 알았다고 하더라도 적용하지 못하고 2차적으로 가시적인 효과에만 머무는 다양한 요법만 적용했다는 것.

- 운동을 수십 년을 해도,

- 좋은 식품을 오랫동안 섭취를 해도,

- 좋은 물을 꾸준히 마셔도,

- 마사지나 지압을 오랫동안 해도,

- 수많은 의료기기를 통해서 몸을 개선 시켜도,

각각의 행위를 하는 동안에는 우리 몸은 스스로 건강함을 유지하려고 노력하고 개선을 시키게 됩니다. 하지만 근본적 원인의 제거가 되지 않기에 위에 했던 행위를 멈추는 순간 우리 몸은 다시 원래의 위치로 되돌아가게 됩니다. 심천생리학은 기존의 개념으로 바라봐서는 안 됩니다. 새로운 관점에서 재해석을 해야 합니다.

고혈압 약을 평생 먹는 것은 관리 차원의 것인데 우리는 그 약이 질병의 해결책으로 잘못 인식하고 있습니다. 심천생리학에서는 기본 사혈의 충족된 이후에 더 이상 약이나 어떤 것을 적용하지 않고도 몸 스스로 항상성을 유지하는 것을 결과 치로 이끌어내는 학문입니다. 수질이 5급수가 될 정도의 해석을 해보면,

- 말단 정화장치가 제 기능을 하지 못하게 되고,

- 산소 용적률이 현격히 떨어지게 되고,

- 물고기의 활동성이 둔화되고,

- 불완전연소 물질의 분비로 물은 더 탁해지고,

- 녹조가 생기고 온갖 세균과 바이러스가 난무합니다.

이러한 악순환의 반복 속에서 좋은 물을 계속 퍼 넣는다고 5급수가 3급수가 되거나 산소가 풍족해 지고 불완전연소 물질이 적게 생

기게 할 수 있는지요? 투석 환자가 신장기능을 회복하기 전에 혈액에서 노폐물을 계속적으로 제거한다고, 좋은 물을 계속 먹는다고 신장기능이 회복이 되고 어혈로 막힌 말초모세혈관이 열릴 수 있다고 생각하시는지요?

만병의 근원은 신장기능의 저하로부터 비롯됩니다. 이로 인해 먹이사슬 연결고리의 흐름이 깨지면서 연쇄적으로 나타나는 현상들을 잘 이해하고 바라보아야 합니다. 그때 비로소 우리 몸 스스로가 어떻게 자생의 능력을 발휘할 수 있는지 알게 됩니다.

우리 몸은 스스로 자율조절을 할 수 있는 기능이 있습니다. 자율조절의 조건은 신장, 간장, 췌장 기능(어느 정도 대사에 미치는 영향력으로 봤을 때)이 충분한 역할을 하고 있어야 합니다. 혈액이 맑고, 혈관이 열리고, 일정 온도가 유지가 되면 수만은 미생물들이 먹고 배설하는 대사 과정에 각종 효소, 호르몬, 전해질, 7.4Ph 등을 유지하는 시스템은 모두 가지고 있습니다. 이러한 항상성을 유지하는데 영향력을 가진 장기가 먹이사슬 연결고리의 마지막 장기인 신장입니다. 신장의 기능정도에 따라서 심신의 상태를 잘 유지하느냐 못하느냐가 결정됩니다. 물, 식품 등 특정 하나를 가지고 지속적으로 적용하는 것은 전체성이 결여된 것이라고 보면 됩니다.

혈액이 맑고 혈액순환만 잘 이루어진다면 우리 몸은 어떠한 경우도 문제가 생기지 않는 시스템을 가지고 있습니다. 일상에서 동물적 본능과 진화론적 관점을 잘 적용하여 혈액을 맑게 하기 위한 섭생과 혈액순환이 잘 이루어지게 하는 움직임이 중요합니다. 이러한 적용을 잘해 준다면 건강한 삶을 유지하게 될 것입니다.

이미 질병의 진행이 느껴진다면 수질(혈액의 맑음)이 더 떨어지기 전에 해독을 적용시켜야 합니다. 해독을 통해서 말단 정화장치가 망가지는 것을 지연시켜야 합니다. 그리고 고지혈상태가 오기 전에 청국장의 미생물이 먹고 배설한 약산성분이 분해시키는 역할(췌장의 인슐린 역할)을 잘 유지해 주거나, 심천생리학의 적용을 통하여 생로병사의 거스를 수 없는 시간과 과정을 어느 정도 되돌리는 기법을 잘 활용하시기 바랍니다.

🔔 '생혈이 나올 때까지 하세요!'의 해석

사혈 시에 겪는 다양성은 매우 많습니다.
- 피한방울도 안 나오는 사람
- 생혈만 나오는 사람
- 어혈이 푸딩처럼 떨어지는 사람
- 어혈이 억지로 나오는데 사침자리에 멍이 드는 사람
- 수포가 많이 생기는 사람
- 어혈양의 기복이 심한 사람
- 어혈이 안정적으로 잘 나오는 사람
- 효과를 바로 보는 사람
- 답답하고 효과가 더딘 사람
- 피부족이 잘 오는 사람

- 피부족이 잘 안 오는 사람
- 기복이 심해서 고생할 사람
- 기복 없이 무난하게 어혈이 잘 나오는 사람
- 기타 등등

  이상과 같이 사혈을 하다 보면 천차만별의 상황을 만나게 됩니다. 책에서 기준한 만큼 15회 정도 찌르고 생혈이 20초 내에 반 컵이 고일 정도의 유속일 때 까지는 아니더라도 어혈이 30%만 나와 주어도 개선의 여지가 매우 큽니다. 무분별한 사혈로는 생혈이 나올 때까지의 안정된 흐름을 잡기가 쉽지 않습니다. 생혈 손실 없이 어혈 위주로의 사혈과 정체된 어혈의 특성을 잘 파악하여 효과적인 사혈을 이끌어 내야만 기복 없이 안정적인 사혈과 충족된 몸을 만들 수 있습니다. 몸이 아프면 급한 마음에 사혈을 먼저 하게 되고 기본사혈을 무시하고 아픈 곳 위주로 사혈을 하거나 섣불리 신간혈을 건드리게 됩니다. 효과적인 사혈을 위한 방법과 적용은 다양합니다. 사혈을 몰랐다고 생각하시고 3개월 정도 제대로 배워서 충족된 사혈을 하는 것이 안정되고 가장 빠른 길입니다.

  일시적인 효과에 치우친 사혈은 금세 무너지거나 어혈과의 싸움에서 지게 됩니다. 시간의 과정 속에서 정성을 들여 최대한 고생을 적게 하고 몸이 흐트러지지 않도록 할 수 있는 개념을 먼저 잡아 가시다 보면 몸도 좋아지고 덤으로 얻는 보너스처럼 만끽할만한 꺼리가 매우 많습니다. 조급함에 흐름을 잡지 못하면 혹독한 시련을 겪을 수밖에 없습니다. 초심자들은 어느 정도 공부와 신뢰가 형성되기 전에는 본인 생각을 자꾸 보태거나 해석해서 오류를 범하지 마시고, 선험자의 가이드를 지혜롭게 따라 가는 것이 효과적이고 안정됨을 이끌어내는 지름길입니다.

🔔 명현현상에 대한 적절한 대처 방법

심천사혈요법은 사혈과정에 수반되는 각종 명현현상의 원인을 명확히 하고 독자적인 방법으로 구체적인 대책을 제시하고 있습니다. 사혈에서 가장 문제되는 피부족 현상을 극복하기 위해서 환부를 쫓아가며 사혈하지 말고, 기본 사혈 점을 강조하고 있습니다. 여기에 추가적으로 수혈, 수액, 철분, 염분, 알부민, 영양보충, 해독, 어혈 녹임의 진액, 포도즙 섭취등도 권장합니다.

염분보충을 위해 죽염과 멸치죽염, 고지혈을 잘 분해하여 어혈을 용이하게 녹이기 위해 청국장환이 권장됩니다. 사혈은 혈관을 청소하는 것과 같습니다. 청소할 때 일시적으로 어수선하고 먼지가 더 많아지는 것처럼 사혈을 하게 되면 일정기간 가라앉아 있던 어혈이 떠오르면서 묵어 있던 독소들이 함께 떠올라 혈중에 배출됩니다. 이와 같은 강한 독소는 간과 신장에 부담을 주고 각종 증상을 일으킵니다. 상태가 가벼울 때는 요산해독을 적용하고, 상태가 심한 경우는 강산해독을 적용해야합니다. 막연히 사혈만 하는 것이 아니라 개개인의 몸 상태에 따라 대처방법을 준비하고 적용해야만 합니다.

🔔 혈관이 열려가는 반증 알아채기

1) 처음보다 유속이 빨라지고 핏방울이 크게 매달리지 않고 바로 흘러야 농도가 묽어져 가는 반증입니다.

2) 처음보다 혈액 농도와 색깔이 연하거나 검은색이 선홍색으로 바뀌어 가는 것을 보게 됩니다.

3) 사침수를 많이 하지 않아도 나오는 어혈양이 점점 늘어납니다.

4) 한 달 전에는 15번 찌르면 1/3컵 정도 나오던 양이 한 두 달 후에는 15번 찔렀더니 2/3컵 정도 나오는 것으로도 알아채 갑니다(따라서 사혈을 한 후 기록을 하는 것이 매우 중요합니다).

5) 처음 사침 시, 멍이 들던 것이 점점 연해지거나 멍 자욱이 없어집니다.

6) 처음 사침 통증이 10이라면 사혈을 할수록 혈관이 열리면서 통증이 9, 8, 7로 더 줄어듭니다.

7) 사혈 후 없던 통증이 생기거나 사침 통이 강하게 느껴지면 눈사태로 다시 막힌 것이기 때문에 다시 막히지 않게 어혈을 제거해 주면 됩니다.

8) 질기고 빵빵한 포화상태의 어혈이 나올수록 점점 연해지고 묽어지는 것을 보게 됩니다.

9) 어혈이 잘 나올수록 잦은 눈사태의 기복이 줄어들고 점점 안정적인 상태가 컨디션 개선으로 느껴집니다.

10) 피부족 상태가 되면 어혈을 빼내도 산소부족으로 인해서 잘 나

오지 않을 수 있습니다. 또한 근력, 탄력, 체온이 떨어지면서 어혈이 잘 나오지 않게 됩니다.

11) 아무것도 적용하지 않고 무조건 사혈하는 것과 약성으로 혈액 환경을 안정적으로 만들고 사혈하는 것은 결과론적으로 볼 때 차이가 크게 나타납니다. 체세포의 예민한 상태의 영향이 어혈을 잘 나오게도 하고 그렇지 않게도 하는 큰 영향력을 주게 됩니다.

12) 혈자리 주변의 모공 크기가 작아지거나, 근육의 경직도와 피부의 검은색이 밝아지는 것을 알게 됩니다.

13) 예를 들어서 계속 찌르고 빼면 뺄수록 반 컵이 계속 나오는데 언제까지 빼야하는지 모를 때는 컵을 손으로 툭툭 쳤을 때, 어혈 상층부가 푸딩 전단계의 흐느적거리고 출렁임을 보이면 열려간다고 보시면 됩니다(무분별한 사침으로는 절대 판단 못함).

14) 어혈이 너무 나오지 않을 때 핀의 길이를 조절하여 사침하게 됩니다. 이때, 어혈이 잘 나올 때 까지 하더라도 정상적인 핀의 길이로 사침을 하여 어혈이 잘 나와 주어야 열린 것입니다. 그렇기 때문에 방치하지 말고 계속 책에 기준한 만큼 어혈을 제거해주어야 합니다.

15) 책에서 기준한 15~20회 찌르고 30초 안에 반 컵이 고일 정도의 유속이면 열렸다고 봅니다. 하지만 휴식 후 다시 사혈을 해보면 다시금 막혀있게 됩니다. 휴식기를 지나고도 빠른 유속이 형성될 때가 혈관이 열린 것인데 근시안적인 접근으로 잠시 열린 것으로 착각하여 6번 혈을 건너뛰고 8번 혈로 넘어가면 또

막혀서 습관성 사혈이 되거나 다시금 재발하는 일이 벌어집니다.

16) 기본사혈의 충실도와 만족도에 따라서 사혈의 기복과 변수는 천차만별입니다. 그렇기 때문에 무분별한 사혈을 하기보다는 기본사혈에 집중하는 것이 가장 빠른 결과를 가져오게 된다는 것을 시간이 지난 후에 알게 됩니다.

17) 사혈 후 휴식기를 가지거나 일정 시간이 지난 후에 해당 혈자리가 충분히 열리지 않으면 다시금 막힙니다. 검은색 피부, 커진 모공, 자라난 솜털만 보아도 혈관이 열리지 않았음을 알게 됩니다. 이런 경우에는 또다시 차분하게 안전사혈을 재시도 합니다.

18) 단순어혈성, 세균성 질환은 쉽게 일시적인 개선을 보게 됩니다. 하지만 만성이나 기능저하성 질환은 시간을 가지고 세포가 분열할 수 있는 연속적인 환경을 만들어 주어야 합니다. 만약 안정적이고 연속적 사혈이 진행되지 않는다면 어혈의 눈사태로 인해서 질환이 반복될 수밖에 없습니다.

19) 3개월, 6개월 동안 사혈을 해도 효과가 나타나지 않을 때는 사혈의 방법, 조혈의 조치와 전체적인 환경 개선을 통한 시너지효과를 내는 것이 중요합니다.

20) 질환을 오래 겪은 상태 일수록 어혈이 찌들거나 혈관이 퇴화되어 있습니다. 또한 체세포의 상태가 수면세포이거나 어혈이 잘 나오지 않습니다. 따라서 효과가 더디거나 비효율적인 사혈이 진행되기 때문에 시간을 잘 다스려야 합니다. 이때에는 최대한 효과적인 사혈을 이끌어내기 위해서 경험이 많은 분들에게 자문

을 구하고 사혈을 하는 것이 좋습니다.

21) 사혈은 지극히 상식적으로 접근해야 합니다. 신비주의로 몰거나 기존의 도식화된 관점으로 재해석하여 접근하게 되면 큰 오류를 범하게 됩니다. 그러므로 공부와 체험의 결과가 맞아떨어지는 것을 스스로 이끌어내는 것이 중요합니다.

🔔 어혈이 잘 나오지 않는 다양한 변수들

● 날씨(더위/추위)

인체는 체온 36.5℃를 기준으로 1~2℃의 차이는 몸이 어느 정도 완충의 작용을 합니다. 하지만 그 이상 체온이 올라가거나 내려가게 되면 우리 몸은 방어기제로 바뀌면서 신진대사의 기능이 평상시보다 빠르게 움직이면서 면역체계를 유지하고자 하는 패턴으로 바뀌게 됩니다.

이런 경우 외부로 부터의 방어로 피부가 먼저 반응을 하고 수축과 경직이 되면서 내부의 긴장감으로 인해서 예민해진 체세포의 반응으로 어혈이 잘 나오지 않을 가능성이 높습니다.

● 비가 온 후

우리의 몸은 일정한 압력이 유지되고 있습니다. 따라서 인체의 중심인 배와 허리가 막히게 되면 상체로 압력이 몰리게 됩니다. 공기

중의 압력 또한 일정함을 유지하다가 비가 오게 되면 뜨거운 땅의 열기가 상승하면서 공기 중의 압력을 높이게 되는데, 뜨거운 가마솥에 뜨거운 물을 붓는 것과 같은 현상입니다. 이럴 때 높아진 기압이 우리의 몸을 더욱 압박하고 팽창시키며 긴장감을 유발하게 하는 원인이 됩니다.

동물들이 비가 오기 전에 예민하게 미리 알아채는 이유도 동물적인 감각센서가 신경선에 압력변화를 전달하는 사전 행위라고 보아도 무방할 것입니다. 비가 온 날은 기압도 상승하고 체온도 떨어지면서 체하거나 우울해 지는 분들이 많은 이유도 평상시에 위(胃)와 심장 쪽으로 혈액 순환이 원활하게 이루어지지 않아서 나타나는 현상이라고 봅니다.

● 운동(등산, 마라톤 등) 후

운동을 한다는 것. 즉, 힘을 쓴다는 것은 에너지를 소모하는 과정입니다. 에너지를 소모한다는 것은 많은 근육의 수축과 이완의 반복입니다. 이때, 태우고 남은 불완전요소인 젖산과 같은 물질이 몸속의 산소를 고갈시키기도 합니다. 또한 에너지를 소모하는 과정에서 체온의 상승을 막기 위해 발생되는 땀이 체온을 적시면서 식히는 과정에 일시적 서늘한 느낌을 갖기도 합니다.

운동 중에는 체세포에게 빠른 산소공급을 하기 위해서 심장의 박동이 몇 곱절 빨라지면서 압력이 높아지고 몸은 더 팽창해 지기도 합니다. 특히, 등산이나 마라톤의 경우 일반적인 운동의 강도보다 부담스러움을 체내에 주기도 하며 근력과 압력의 관계에 있어서 우리 몸에 주는 불안요소는 크다고 생각합니다.

이러한 이유에서 어혈의 경직과 압박을 주는 원인들로 수축 경직된 어혈이 잘 나오지 않게 됩니다. 그리고 사혈을 할 때 운동을 조심하라고 합니다. 하지만 전혀 움직임을 주지 않는 것도 옳은 방법은 아닙니다. 따라서 20분정도의 이마에 땀이 살짝 베일정도의 산보나 가벼운 스트레칭 정도가 무난하다고 봅니다.

● 스트레스/신경과민

우리 몸은 영과 육의 합작품입니다. 둘이면서도 하나인 듯하고 하나이면서 둘인 것이 영육간의 관계입니다. 뇌세포 하나당 체세포가 6개가량 연결이 되어 있는데, 체세포가 느끼는 감정을 뇌세포에 전달하고 다시 그에 맞는 시스템을 뇌에서 지시하고 가동하게 되어 있습니다.

우리 몸이 스트레스를 받았다는 것은 특정 부위 즉 뇌, 허리, 복부, 가슴 등 반복된 행위로 인해서 감정과 인체에 누적되는 불안요소를 스트레스라고 할 수 있겠습니다. 스트레스가 반복된다는 것은 체세포가 예민해져 있는 상태에서 긴장 모드로 바뀌면서 교감신경이 비상모드로 작동하게 됩니다. 이러한 과정은 뇌와 근육 전반적인 부분에 신경과민의 반응을 유도하게 될 것입니다. 이럴 때 예민한 사침에 의해서 더욱 더 긴장 수축되고 어혈도 경직되어서 사혈을 해도 충족된 어혈이 나오지 않을 가능성이 많습니다.

● 과식으로 인한 체기나 두통

과식을 한다는 것은 위쪽으로 많은 움직임을 가지게 한다는 것입니다. 혈류량은 우리 몸의 움직임을 빠르고 강하게 합니다. 특히, 혈류량 중에서 산소의 양이 그 힘과 지속력에 중요한 역할을 하게 됩니다.

음식을 분해하기 위해서 위쪽으로 몰려온 혈액량이 과도하게 무리수를 두게 되면 오히려 경직이 되면서 순환에 지장을 초래하게 됩니다. 이때 산소부족으로 인해서 위가 경직되고 체한다고 표현을 하게 됩니다. 또한 두통이나 체기가 나타나게 되고 얼굴빛이 하얗게 질리거나 입술이 파래지고 심하면 경직된 위장이 심장을 압박하게 되어 심장마비와 같은 상황이 발생됩니다.

그만큼 우리 몸은 자연스러움의 상태를 유지하고 만들어 가는 것이 중요한데 어떠한 경우든 무리수를 주게 되면 몸이 버티고 버티다가 다양한 아우성을 치게 됩니다. 그렇기 때문에 식사 후에 사혈을 하게 될 경우, 소화시킨 후 한 시간 이후에 사혈하고 압력의 변화 없이 몸이 평온한 상태에서 사혈하는 것이 바람직하다고 생각합니다.

● 과로나 노동 후

인간은 동물적 기제(機制)가 있는데 현대 문명의 생활에 익숙해지면서 동물의 본능적 기능이 퇴화되어 가고 있습니다. 동물의 세계가 치열한 약육강식의 환경이라면 일상의 긴장이 과로나 스트레스일 것입니다. 하지만 현대를 살아가는 우리의 모습은 과학 문명 속에서 동물이 가진 긴장감과 약육강식의 공포가 거의 없이 편안한 상태라고 보아도 무방합니다.

이렇게 나약해진 인간의 몸이 필요이상 과로나 노동을 하게 되면 에너지가 빨리 고갈되고, 근육은 지치고, 혈액은 탁해지고, 체온은 떨어지거나 과도하게 높아집니다. 지치고 예민해진 체세포 입장에서는 '나 더 이상 살기 싫다.'는 포기의 개념으로 몸살이라는 신호를 보내기도 합니다.

우리가 아플 때, 만사가 귀찮고, 몸은 쳐지고, 먹기도 싫고, 짜증과 우울함, 그리고 무기력증에 빠지게 됩니다. 마찬가지로 이러한 상황의 전단계인 과로의 상황 또한, 몸 전체가 대사기능이 떨어지고 근력과 탄력이 떨어지게 되면 사침을 해도 아프기만 하고 어혈도 침착(沈着)되어서 나오지 않게 됩니다.

● 장거리 운전 및 여행

자동차는 현대인의 삶에서 없어서는 안 될 아주 필수적인 생활 도구입니다. 그러다보니 동물적인 운동성은 적어졌고 인체가 가지는 신체적 구조는 변화와 퇴화하는데 많은 일조를 하게 되었습니다. 편리함을 넘어서 자동차를 운전할 때 몸은 꼼짝 않고 앉아서 몇 시간을 타고 간다고 생각해 봅시다. 하체 쪽의 혈류량은 급격히 떨어지고 다리는 브레이크와 가속장치를 밟기 위해서 계속 긴장을 하고, 시선은 전방을 계속 주시해야 하고, 팔은 운전대를 잡고 계속 움직여 줘야 합니다. 더 중요한 문제점은 자동자의 바이브레이션입니다. 미세진동이 아무렇지도 않은 것 같지만 우리 몸의 전신을 흘트려 놓습니다. 사혈을 하고 장거리 운전을 하게 되면 어혈은 눈사태를 유발하여 다시금 막아놓게 되고 없었던 통증이 발생하게 됩니다.

이러한 긴장된 상황 속에서 체세포들은 더욱 더 예민해져 있을 것이며, 오장의 기능은 긴장모드에 있기 때문에 대사기능은 떨어지고 몸에서는 불완전요소들이 적체됩니다. 얼굴에는 개기름이 끼고 압력은 높아져서 눈은 침침해 질 것이며, 생리적인 현상(대소변)이 발생되어도 웬만하면 참고 갈 수밖에 없는 경우가 빈번하게 나타나는 문제들입니다.

기차나 비행기를 타고 대중교통을 이용한 여행도 우리 몸의 긴장감을 주기 때문에 스트레스와 에너지 소모를 일으키게 됩니다. 또한 평상시 먹지 않는 먹거리와 환경변화에 의해서 혈액을 탁하게 하는 변수들로 작용됩니다. 이로 인해서 변비, 개기름, 체기 그리고 피부 질환 등을 유발하는 계기가 되기도 합니다. 이러한 일들이 벌어지는 주된 원인은 혈관을 막고 있는 어혈의 이동과 오장의 기능이 제대로 작동하지 못하고 체세포의 과민반응으로 인한 아우성으로 봐도 됩니다. 이런 상황을 겪은 후에 사혈을 하게 되면 어혈은 잘 나오지 않고 오히려 사침의 통증만 강하게 느껴지고 비효율적인 사혈이 됩니다.

● 목욕 혹은 사우나

어떤 분들은 찜질방이나 사우나를 다녀온 후 사혈을 하면 어혈이 잘 나올 것이라고 생각하는 분들이 있습니다. 찜질방의 경우, 따뜻한 환경에서의 사혈은 어느 정도 효과가 있다고 보지만 불필요하게 높은 온도에서의 사혈은 생각을 좀 더 해 보아야 합니다.

사우나의 경우, 운동과 달리 과도한 수분배출로 인해서 탈진과 찬 바람을 쐬었을 때 몸의 수축으로 인해서 현기증을 유발하는 과정을 보아도 좋다고 볼 수 없습니다.

사혈 전후에 따뜻한 물로 샤워를 하고 난 이후에 몸이 원위치로 수축이 되는 것을 보면 오히려 몸의 안정적임에 도움이 되지 않는다고 봅니다. 사혈 전에는 최대한 흐트러짐과 변화 없이 안정된 상태에서 체온을 살짝 올려주는 정도의 마사지나 찜질팩, 온열기 정도의 적용이 바람직하다고 봅니다.

● 음주 후

사혈할 때 하지 말아야 할 행위 중에서 운동, 음주, 초·육식동물(포화지방)을 조심하라고 합니다. 음주의 경우, 체내의 압력을 급격하게 고갈시키는 경우 과도한 산소부족으로 의식을 잃거나 심장에 무리를 줄 가능성이 아주 높습니다.

예를 들어 고혈압이 있는 사람이 추운 날씨에 감기 기운이 있는 상태로 등산을 하러가서 산행 중에 음주를 했다고 가정해 봅시다. 이미 고혈압이 있다는 것은 신장기능이 떨어진 합병증으로 산소부족이 있는 상태입니다. 또한 추운 날씨로 인해서 온몸이 차가워지게 되면 피부경직이 혈압을 더 올려놓을 것입니다.

감기증상으로 세균과 백혈구의 싸움으로 산소는 더 고갈이 될 것이며, 산에 올라갈 때 허리의 경직으로 상압이 더 발생을 할 것이고, 산의 높은 기압으로 압력이 더 팽창을 했을 것이고, 그 상태로 음주를 해서 몸속의 산소를 고갈 시키면 다음 벌어질 상황은 높아진 압력이 뇌혈관과 심장에 불안요소를 줄 것입니다.

이와 같은 당연한 상황인데도 불구하고 많은 사람들은 이런 행동을 서슴없이 하고들 있습니다. 음주후의 사혈은 오히려 독이 될 가능성이 있기에 피부족의 상관관계에 있어서 다시 한 번 생각해 보기 바랍니다.

🔔 1주일에 한 번씩 사혈해야 하는 이유

1) 혈액의 하루 생성량은 30~50cc 정도 된다고 합니다. 주 1회 사혈양이 200cc 정도 된다고 봤을 때, 30cc*7일=210cc 정도 충족됨이 있답니다.

2) 외부적인 조혈의 적용이 몸 스스로의 항상성을 유지하는데 부족분이 있습니다. 그렇기 때문에 혈액 내에서 성분들의 분해, 합성, 조율의 과정과 시간을 기다려 주는 최소한의 기간이라고 보면 됩니다.

3) 주 1회 사혈을 하고 조혈에 대한 조치를 잘 한다고 할지라도 어혈이 빠져나간 빈 공간의 수분과 기존의 혈액이 섞이면서 혈액의 농도가 묽어짐에 의한 누적 손실이 생기기 때문에 1주일이란 시간의 간격 속에서 손실의 부족분에 대한 보충의 시간을 갖고

자 하는 것입니다.

4) 세포의 분열을 위한 시간이 45일이고 체세포의 개체수가 100조 마리라고 가정해 보겠습니다. 100조/45일=N, 하루에 평균 N개씩 매일 분열을 하고 있다고 봤을 때 사혈을 한 후 1주일 사이에 체세포의 분열이 이루어지고 있으며 어혈을 뺀 만큼의 재생이 이루어진다고 본다면 일주일의 패턴이 가장 안정적인 시간이 됩니다.

5) 기본사혈의 과정 중에서 2-3-6번 혈을 사혈하는 과정에 어혈이 나와 준만큼 조혈의 기능이 살아납니다. 따라서 일반 사혈 방법에 있어서 특별한 조치 없이도 누적 손실 보다는 오히려 혈액순환의 개념으로 보았을 때, 산소 운반능력의 개선 차원에서 힘이 나기에 1주일의 안정됨을 알게 됩니다.

6) 몰아빼기의 개념, 조혈에 관여한 조치들과 세포의 분열 주기의 이해가 필요합니다. 3가지의 관계를 잘 이해한다면 45일간 약 6회 정도의 몰아빼기의 과정과 이 기간 동안에 맞추어진 조혈식품들의 양과 세포의 분열 주기가 45일 임을 감안한다면 전체적인 사혈의 양 대비 조혈에 충족 된 적용과 세포의 분열 주기에 맞추어진 안정적인 환경의 적용이 내재되어 있는 어우러짐이라고 보시면 됩니다.

7) 일반적인 사혈 후 일시적으로 명현현상 등이 나타날 수 있습니다. 이러한 현상은 어혈이 빠져나온 만큼 개선되면서 나타나는 부분과 혈액의 환경(혈액 농도)에 따른 부분들에 대한 안정적인 변화의 개선을 갖도록 시간을 벌어주기 위한 것입니다.

8) 일반적인 사혈 후, 일상생활을 하는 동안 근육의 움직임과 압력의 변화에 의해서 묽은 어혈이 서서히 다시금 내려오게 됩니다. 자연스러운 현상이지만 질긴 정도에 따른 눈사태 현상으로 나타나기도 합니다. 그렇더라도 다시금 일주일 간격으로 어혈을 제거하면 되기 때문에 그러한 패턴의 시간으로 생각해도 됩니다.

9) 기본과정의 교육 시간이 3개월 동안 12주 교육으로 이론과 실습으로 이루어져 있습니다. 초심자들이 성급한 마음에 사혈의 진면목을 보기도 전에 답답해하거나 사혈을 침, 뜸보다도 못하게 전락시키는 경우도 있습니다. 매주 3개월이라는 기간 동안 진득한 기본사혈을 합니다. 그러는 동안 소화흡수의 기능이 개선되고 상하 혈액의 흐름이 개선됨을 몸으로 느끼게 됩니다. 그렇기 때문에 적절한 시간간격과 과정이 필요함을 인식하게 되는 패턴으로 보시면 됩니다.

10) 주 1회 기준 사혈양 200cc, 200cc당 철분제 1앰플 적용, 세포 분열 주기 45일, 3개월 사혈 후 3개월 휴식, 1년에 6개월 사혈(24주(회)사혈), 체세포 개체수/45일=하루 세포 분열 수, 조혈식품들의 섭취 양이 45일 기준으로 세포분열 주기에 맞춤, 520가지의 혈액 성분이 어우러지기 위한 다양한 조치, 세포분열을 위한 최저 HB수치=10 이상유지 등. 이러한 수치의 일정한 패턴 유지, 안정적인 사혈, 그리고 체세포의 효율적인 개선을 염두에 두고 일주일 간격의 패턴을 유지하고자 하는 기본 바탕의 논리가 담겨져 있습니다.

🔔 고혈압 혈에 대한 고찰

1) 고혈압 혈을 사혈하게 되면 상하의 원활한 혈액흐름의 개선으로 상체로 몰린 압력을 하체로 완화시킵니다.

2) 경직된 허리 주변의 근육을 완화시키고 요통, 디스크와 관련된 증상을 개선시킵니다.

3) 하체 쪽의 혈류량 유입으로 발생할 수 있는 다양한 증세(하지정맥, 뒤꿈치 굳은살, 냉증, 무좀, 건선, 붓기, 족저근막 등)가 완화됩니다. 추가적으로 10번-31번 혈을 사혈할 경우 시너지 효과가 발생됩니다.

4) 치질과 관련 생리계통의 간접적인 혈류량 유입과 흐름의 개선 역할로써 중요한 혈자리입니다.

5) 상체로의 상압이 걸려서 두통, 안압통, 뇌출혈, 심장의 두근거림 등 이 있을 때 압력을 떨어트려서 간접적인 완화 효과가 큰 곳입니다.

6) 기본 사혈을 하는 경우에 2-3-6번을 같이 하는 이유 중의 하나입니다. 2-3번 혈에서 어혈이 나오지 않아 답답할 수 있지만 6번 혈에서 어혈이 먼저 나와 주게 되면 상·하체의 많은 개선의 여지를 줄 수 있는 곳입니다.

7) 인체의 중심에 있어서 교차로의 역할로 보았을 때 압력과 순환의 개선만으로도 다양한 완충 역할을 하는 혈자리입니다. 따라서 최대한 어혈을 제거해야만 하는 중요한 곳입니다.

8) 일반적으로 남성들의 혈질이 질깁니다. 그러다보니 압축기의 압을 강하게 걸게 됩니다. 압력을 세게 걸게 되면 생혈만 나오는 듯한 착각을 주는 곳입니다. 따라서 고혈압혈을 사혈할 경우에는 마사지와 온도를 높인 다음 적당한 압력으로 근육 이완을 유도하면서 사혈을 해야 효과적입니다.

9) 하루 중에 긴장도가 많은 곳입니다. 허리에 힘을 많이 주다 보니 눈사태 현상이 다른 혈자리 보다 빈번 할 수 있습니다. 그렇기 때문에 진득하게 휴식기 이후에도 또다시 막히지 않도록 안정적인 사혈이 필요한 곳입니다.

10) 허리쪽 요통이 있거나 하체 쪽이 저리는 듯한 현상이 있을 때는 치질혈(14번혈)을 같이 사혈하여 허리의 안정감을 더해 주어야 효과가 배가 되는 자리입니다.

🔔 두통혈 사혈의 효과적인 방법

● 머리를 자르지 않고 사혈을 할 경우

1) 압력이 잘 안 걸려 압축기를 여러 번 당기게 됩니다.
2) 컵의 공기가 빠져서 유동성을 줄 수 없습니다.
3) 위치를 잡을 때 마다 제자리에 잡기가 어렵습니다.
4) 어혈이 섬유질화 되어 있어서 금방 막힙니다.
5) 어설프게 사혈 할 경우 막힘에 의해서 일시적 두통을 유발할

확률이 발생합니다(눈사태).

6) 압력조절이 쉽지 않고 컵을 그대로 잡고만 있게 됩니다.

7) 어혈을 제거할 때 마다 불편하게 머리카락에 걸리거나 굳어서 엉겨 붙고 불편합니다.

8) 이러한 단점 때문에 원하는 어혈 보다는 주변의 묽은 어혈 위주로 나오게 되어 비효율적입니다.

9) 두통혈 사혈 시 나와 주는 어혈의 양과 질이 지속적인 패턴으로 일정하게 나와 줘야 안정적인데, 머리를 자르지 않으면 어혈이 나오다 말다의 식으로 불규칙하게 됩니다.

10) 그러다 보면 과다한 사침을 하게 되고 생혈 손실을 유발하게 되고 예민한 압력 조절이 되지 않기에 비효율적인 사혈이 됩니다.

● **머리를 자르고 사혈을 할 경우**

1) 위치 파악이 용이하여 혈자리의 이동이 적습니다.

2) 압력을 원하는 만큼 조절할 수 있어서 안정적인 사혈을 유도할 수 있습니다.

3) 사침 시 눈으로 확인하며 하기 때문에 생혈손실을 줄이며 예민하게 증감 조절을 할 수 있습니다.

4) 가볍게 압을 걸기 때문에 컵을 유동성 있게 좌우로 회전해 가며 공간 확보가 되어 질긴 어혈을 제거하는데 효과적입니다.

5) 이러한 이유로 두통사혈의 경우 효과적인 방법으로 예민하게

접근해야만 질긴 어혈을 제거할 수 있기 때문에 머리카락을 자르지 않고 사혈을 하는 것은 배 이상의 결과 차이를 나타나게 됩니다(질긴 어혈; 혈질이 바뀌어 섬유질화 된 어혈).

● 효과적인 두통사혈 방법

1) 사혈 전후 운동, 스트레스, 사우나, 샤워 등을 피하는 것이 효과적입니다(확실히 차이가 남).

2) 사혈 전 누워서 열풍기를 머리 전체에 쬐여주어 30분정도 전체적인 완화를 시켜줍니다.

3) 될 수 있으면 이어폰을 끼고 명상음악을 들으며 잠들게 하면 예민한 반응이 줄기 때문에 어혈이 잘 나옵니다.

4) 엎드려서 사혈을 할 때에는 안면 베개를 이용하여 어깨에 힘이 완전히 빠지도록 합니다.

5) 컵에 꼭 고무캡을 씌워서 사혈을 해야만 피부차단이 적고 어혈차단을 줄이게 됩니다.

6) 바세린이나 크림 등으로 유막을 형성해 놓으면 한두 번의 압으로도 컵이 잘 걸리고 불필요하게 압축기를 여러 번 당길 필요 없이 어혈이 잘나옵니다.

7) 사침은 골고루 10회 정도 안쪽을 찌르고 생혈의 유속을 지켜보면서 사침수를 예민하게 증가시킵니다.

8) 어혈이 잘 안 나온다고 30~40회 이상 찌르는 건 이미 막혔다는 반증이기 때문에 혹부리를 손바닥으로 마사지하여 풀어주고 다음에 하는 것이 효율적입니다.

9) 압력은 컵을 완전 밀착시킨 후 흡입기로 한번 내지 한번반 정도만 당깁니다.

10) 서너 차례 사혈을 하다 보면 어혈이 몰려와 혹이 형성되기 때문에 컵에 들어간 부분만큼 밀폐공간은 줄어들기 때문에 압력도 계속 한번 내지 한번반만 당기는 것이 좋습니다.

11) 두세 번 더 당겨봐야 어혈이 나오지도 않고 안정적인 흐름 이 깨져서 사침만 무지하게 많이 찌르게 되고 비효율적인 사 혈이 진행됩니다.

12) 컵은 잠시도 손에서 떼지 말고 계속 유동성을 주어야 합니 다.

13) 그렇게 한두 시간 정성스럽게 하다 보면 손이 뻐근하지만 찌든 어혈이 잘 나와 주고 머리의 혹부리도 크지 않게 됩니 다.

14) 그냥 막 찌르고 막 당겨버리면 주변의 묽은 어혈만 나오는 격이 되기 때문에 불안정하거나 비효율적인 사혈이 됩니다.

15) 앉아서 사혈하는 것 보다는 눕거나 엎드려서 사혈을 하면 더 효과적입니다.

16) 앉아있으면 근육들이 지탱하는 힘으로 근육을 당기기 때문 에 혈관이 수축되지만 누워서 하면 안정적으로 어혈이 잘 나 옵니다.

● **두통혈 사혈의 '효과성'과 '예민함'**

1) 약한 압력과 고무캡의 피부차단 억제와 지속적인 컵의 유동

성을 주면서 정성을 가하는 것이 혹부리도 적게 생기고 눈사
태도 없고 질긴 어혈도 잘 나오게 됩니다.

2) 흡입기를 당길 때 자세히 관찰하면서 당기다 보면 유속이 빠
를 때(적당할 때)가 있다. 그 이상도 이하도 아닌 각 혈자리
에 맞는 유속과의 삼각관계가 있습니다(압력의 세기, 두피의
두께 및 탄력과 어혈의 질 정도에 따른 압력차이).

3) 기본사혈을 충분히 하고 사혈하는 것과 두통혈 사혈만 하는
것은 기대치가 배 이상 차이가 납니다.

4) 두통혈만 사혈할 경우에도 조혈식품을 적용하는 것과 그냥
사혈만 하는 것도 배 이상 차이가 있습니다.

5) 경험치가 많은 사람과 적은 사람의 차이도 배 이상 차이가
있습니다.

6) 머리를 자르고 사혈하는 것과 자르지 않고 하는 것은 수십
배의 차이가 납니다.

7) 몸 상태에 따른 조혈의 적용 차이와 이해에 따라서 효과와
결과 치는 수십 배의 차이가 납니다.

8) 혈질이 예민한 곳이라 자칫 긁어 부스럼처럼 어설프게 건드
렸다가 눈사태를 방치하면 다른 명현반응이 생길수도 있기
때문에 제대로 된 접근이 필요한 곳입니다.

● **결과적인 견해**

1) 뇌는 육체적인 반응에 대한 긴장과 스트레스가 많은 곳이며,
머리에 어혈이 얼마나 있을까 싶지만 진액으로 적용하여 반

컵 이상씩 6개월을 사혈해도 끊임없이 나오는 곳입니다.

2) 눈에 보이지 않은 예민함을 언급했지만 누구나 다양한 경험을 이끌어내다 보면 공감할 수 있는 부분입니다.

3) 여러분은 무엇을 선택하시겠습니까? 응급으로 한두 번의 사혈은 머리를 자르지 않고 해도 무방하겠으나 지속적인 사혈로 뿌리 뽑기를 원한다면 제대로 머리를 자르고 하는 것이 효과적입니다.

4) 학생들의 경우 방학 때를 이용하여 2~3년 나누어서 하는 것도 괜찮을 것이며, 성인들의 경우 머리를 자르기가 쉽지 않다는 단점이 있겠지만 부분가발을 이용하거나 머리를 기르거나 짧게 해서 꾸민다면 그리 어려운 것은 아닙니다.

5) 누구는 효과를 보고 혹은 못보고, 누구는 습관성 사혈에 머물고/재발이 없는 사혈을 하고, 누구는 대충 찌르고 빼고/정성껏 예민하게 찌르고, 누구는 심천사혈을 사이비라 하고/심천의술이라 하고, 안타깝지만 각자의 몫입니다.

6) 머리 자르는 것을 망설인다는 것은 아직 덜 아픈 것이며 쓰러진 후에 깎임을 당하지 마시고 진득하게 기본사혈을 충실히 다스리면서 미리미리 예방하는 것이 바람직하다고 생각합니다.

7) 우물가에서 숭늉 찾듯 심천사혈을 하지 마시고 유기농법으로 농사를 짓는 것과 같은 과정과 노력으로 자연의 이치와 어우러질 때 진실 된 효과가 나타나게 됩니다. 우리 몸은 먹이사슬 연결고리의 자연생태계가 그대로 있는 축소판 소우주이기

때문입니다.

🔔 치질혈 사혈의 효과적인 방법

1. 치질혈에 대한 이해

치질은 남성들 보다는 운동성이 약하고, 출산을 해야 하고, 신장의 기능이 저하된 여성들에게 많습니다. 심천사혈요법에서 치질혈 14번혈과 29번혈입니다. 14번혈은 꼬리뼈(천골, 미추) 부위에 해당합니다. 꼬리뼈 안쪽으로 생식기와 직장, 항문, 괄약근에 간접 영향을 미치는 중요한 부분이기도 합니다. 가만히 생각해보면 어릴 때부터 책상에 오래 앉아 눌림을 당해야만 했고 운동성이 거의 없는 곳입니다. 그래서 한번 넘어지거나 다치게 되면 여성들의 경우 불임으로 이어질 수도 있다는 이야기들도 있었습니다. 우리 몸에 뇌로부터 척추로의 척수액이 순환되는데 꼬리뼈 부분이 경직되고 틀어짐에 따라서 정체되고 2차적인 문제를 일으킨다고 합니다. 이러한 여러 가지 상황을 보았을 때, 꼬리뼈의 순환이 우리 몸에 미치는 영향이 적지 않다는 것을 이해하시기 바랍니다.

허리 통증이 심한 경우 14번혈을 같이 사혈해 줍니다. 허리 통증으로 인해서 하체로 가는 신경과 혈액이 지나가는 통로로 봤을 때, 6번혈과 14번혈은 세트(set) 혈자리라고 이해하기 바랍니다. 엉덩이에 굳은살이 있거나 항문 주변이 아주 검거나 생식기 주변에 땀이 많이 나는 경우에도 간접적인 영향을 주는 혈자리입니다. 골반을 기준으로 생식기계통으로의 주요 혈자리에 해당하는 51번혈, 6번혈, 14번혈, 29번혈의 혈액흐름이 원활하면 불임, 냉증, 생리통, 치질, 습함, 자궁근종 등에 매우 효과적입니다.

2. 29번혈(치질혈)의 효율적인 사혈 방법

29번혈의 치질혈을 사혈할 시에 예민한 접근이 필요합니다. 일반 혈자리는 피부 위에 사침과 음압을 걸어서 당기는 형태라서 일정 비율만 맞으면 어혈이 어느 정도 잘 이끌려 나옵니다. 하지만 항문의 경우, 괄약근의 특성상 예민한 부분이라서 사침과 부항컵의 압력을 걸 때, 약한듯하면서 적당한 예민함이 필요한 부분이기 때문에 많은 체험적 경험이 요구되는 곳입니다.

1) 구멍 뚫린 넓은 천을 준비합니다.(주변 의식에 따른 예의)
2) 자세는 이불무덤에 엎드린 자세가 편합니다. (괄약근이 예민해서 자세 유지)
3) 항문 주변의 제모를 깔끔히 합니다. (공기 새는 것 방지)
4) 알코올 솜으로 소독을 실시합니다. (감염예방)
5) 바세린을 항문주변에 바릅니다. (부항컵의 압착유지)
6) 중간 긴 부항컵(곡부항1호, 측면부항기)으로 건부항을 살짝 걸어서 위치를 잡습니다. (긴 부항컵을 사용해서 압력 유지 시간을 충분히 유지)

7) 부항컵을 떼고 항문 주변의 검은색 괄약근에 10회 정도 사침을 해봅니다. (생혈 유속이 많으면 5회 정도 사침)

8) 부항컵은 걸어서 압착이 잘 된 후에 압축기로 한번만 살짝 당깁니다. (세게 당기면 괄약근이 부항컵에 끼어서 병목현상 유발)

9) 부항컵을 손으로 지그시 누르면서 부항컵을 천천히 좌우로 돌려줍니다. (걸어 놓고 방치 금물)

10) 유속이 느리면 오래 걸어두지 말고 바로 닦습니다. (불필요하게 오래 걸면 항문이 밀려 나옴)

11) 두세 번 하다보면 항문이 살짝 도드라지게 밀려 나오는데 신경쓰지 말고 볼록 튀어나온 항문에도 골고루 사침합니다.

12) 물론 사침통증이 아프긴 하지만 질병으로 인한 괴로움에 비하면 참을 만합니다.

13) 이런 식으로 8~10캡 정도 하다보면 항문이 더 밀려나오거나 병목 현상에 의해서 어혈이 잘 나오지 않게 되기 때문에 잘 나오는 시점에 마무리하는 것이 좋습니다.

14) 사혈 중에 방귀가 수시로 나오기도 합니다. 이럴 때 부항컵 속의 압력이 빠지면서 부항컵이 빠질 수 있으니 다시 살짝 압력을 걸어주면 됩니다. (누구나 비슷하니 민망해 하지 않아도 됨)

15) 응급상황이라면 2~3일에 한 번씩 총 5회 정도 사혈해주면 되고, 일반적인 사혈이라면 주1회 정도 진득하게 사혈을 이끌어나가면 됩니다.

16) 사혈 후에는 소독을 하고 밀려나온 항문은 솜을 대고 지긋이 꾹 눌러준 상태로 한참 동안 항문에 솜을 끼웁니다.

17) 하루 정도는 항문에서 분비물이나 혈액이 살짝 묻어나올 수 있으니 솜을 대주고 변을 볼 때 긴장된 항문이 벌어지면서 약간의 통증이 있을 수 있다. 하지만 2~3일 지나면 일상의 상태로 유지됩니다.

18) 치질혈을 사혈할 경우는 생리질환(통증, 냉증, 불순, 요실금, 불임, 자궁암 등)과 치질에 탁월한 효율이 있는 곳이므로 남녀 불문하고 한번쯤 시도를 해야 할 자리이기도 합니다.

19) 입으로 부터 시작하여 내부로의 대사과정의 끝단인 항문을 사혈하는 것은 말초 끝단의 소통과 내부적인 온도의 상승과 압력을 내려주는 아주 기대가 큰 곳이며, 사혈이 충족이 되면 얼굴에 혈색이 돌고 밝은 기운이 충만해 지는 곳입니다.

20) 여성의 생리질환이나 남성의 전립선 같은 만성적인 증세가 있는 분들이라면 8번혈, 51번혈, 29번혈, 14번혈이 주요 혈자리가 됩니다.

▷ ▶ ▶ ▶ ▶Part 6
심천의학가이드의 Q&A편

심천의학가이드의 Q&A편

🔔 2-3번 혈에서 어혈이 잘 안 나와요!

● 질문

2-3번 혈의 사혈 시, 압을 강하게 하면 어혈이 잘 안 나오는 이유를 답해주시면 감사하겠습니다.

● 답변

어혈이 잘 나오지 않을 때는 압을 천천히 약하게 당겨보시고 어혈이 나오는 것을 눈으로 직접 확인해 보시면 됩니다. 찌든 어혈과 경직된 근육 사이에서 압을 강하게 당겼을 때, 피부층에 막혀있는 어혈이 나와 줄지를 생각해 보시면 됩니다. 그만큼 찌든 어혈이 오래되고 이미 그전에 신장과 간 기능이 저하된 것이겠지요. 어떤 분은 안 나올 때 오히려 약간의 압을 더 주어지면 잘 나오는 경우도 있고 어떤 분은 오히려 어혈보다는 주변의 생혈이 더 나오는 분도 있습니다.

사람마다 세월 속에서 어혈이 생성되어온 과정이 다양합니다. 그 중에서 인체 구조상 복부의 불안전한 구조 속에서 온도저하, 경직, 스트레스 등 특히, 체지방이 누적되어 쌓여진 지방층의 형성 속에서도 어혈의 퇴적과 산폐된 정도가 심하다 보니 어혈이 잘 나오지 않습니다. 하지만 한번 나와만 준다면 그 무엇보다도 많은 혜택을 보게 되는 중요한 자리이기도 합니다.

"2번과 3번 혈에서 어혈은 안 나오고 생혈만 나옵니다.", "어혈이 잘 나오다가 나오지 않습니다.", "생혈도 어혈도 안 나옵니다." 등 이러한 다양한 표현은 몸 상태와 적용 방법에 따른 다양한 변수들입니다. 이런 다양한 상황들은 공부를 통하여 보사의 균형과 사혈의 주의 사항, 그리고 사혈 요령을 잘 섭렵해 가면서 조혈식품의 필요성에 대한 인식을 해야만 합니다. 그리고 사혈의 이론과 실제가 맞아떨어지는 과정을 통하여 다양한 변수에 대한 해결책을 하나씩 알아가는 과정이 필요합니다.

🔔 부항 컵에 생긴 거품?

● 질문

사혈 시, 부항컵 안에 기포가 생기면 공기를 빼고 혈을 묻힌 후 다시 압을 주라고 하셨죠? 그런데 만약 그대로 둔 채 압을 좀 더 세게 준다면 피부가 건조한 상태에서 어떤 일이 생길까요?

● 답변

공기가 들어간다는 것은 부항 컵 내부의 압력유지에 문제점이 생기거나, 공기 유입으로 어혈의 응고과정이 달라질 수도 있습니다. 압을 더 세게 걸면 원하는 유속을 찾지 못하거나 음압의 유지가 흐트러지면서 어혈의 적출물 상태가 들쑥날쑥 안정적인 결과물이 나오지 않습니다.

또한 사혈 후에는 불안정함 때문에 눈사태 현상이나 기복과 같은 변수가 생기기도 합니다. 하지만 일정한 양의 어혈이 꾸준히 나와 주면 피부가 촉촉해지고 탄력이 생기므로 거품이 사라집니다.

물론 기본사혈의 충족됨에 따라서 달라집니다. 우리가 사혈을 하면서 생기는 다양한 형태의 변수는 사혈이 충족되면서 모두 사라져야만 충분한 어혈이 나왔다는 표현을 할 수 있습니다.

🔔 생혈이 어혈보다 많이 나올 때는?

● 질문
생혈이 어혈보다 많이 나올 땐 어찌해야하나요?

● 답변
사침수를 적게 시작해서 차츰 증감을 시켜야합니다. 또한 압축기의 압력도 예민하게 조절해야합니다. 사람마다 피부의 탄력, 어혈의 질긴 정도, 체온 등이 다르기 때문에 그에 알맞은 최적의 압력과의 상관관계를 감각적으로 이끌어내야 합니다. 무분별한 사혈(온도, 사침, 압력, 무성의)은 생혈 손실이 많이 따릅니다. 책에서 기준 하는 양의 혈관이 열려가는 반증을 수없이 알아차려야 합니다.

우리가 사혈을 하는 포인트는 모세혈관에 정체되어 흐름을 방해하는 어혈입니다. 사혈을 하는 과정에 어혈이 막혀있음을 알아차리는 표현들을 보면 아래와 같습니다.

- 사침 통증이 심하다.
- 사침자리에 멍이 든다.
- 물집이나 수포가 잘 생긴다.
- 모공이 확장된다.
- 사침 통증이 전혀 없다.(무감각)
- 혈액 방울이 크게 맺혀 있고 흘러내리지 않는다.
- 컵에 습기가 빈번하게 생긴다.
- 어혈 위에 요산 층이 많이 생긴다.

위의 표현들은 어혈이 혈관을 막아서 온도의 저하, 어혈의 산화와 응고, 그리고 피부의 경직으로 인해서 막혀서 산소공급이 되지 않아서 나타나는 체세포의 분열 문제로 생긴 표현들입니다.

어떤 분들은 신간의 기능이 저하되어 어혈까지 분해하여 흩트려 놓은 상태로 선홍색의 묽은 생혈만 계속 나오는 경우도 있습니다. 스스로는 어혈이 없다고 착각하는 경우입니다. 이럴 경우에는 해독을 충분히 적용하여 어혈을 가라앉히고 진득하게 사혈한다면 어혈을 이끌어 낼 수 있습니다. 어혈이 잘 나와도 안 나와도 문제이기 때문에 최대한 보사의 균형과 안정적인 사혈을 이끌어내기 위한 초점을 맞추는 것이 중요합니다.

🔔 중금속은 어디에 쌓이나요?

● 질문

중금속이나 농약이 몸속에 들어오면 쌓인다고 했는데 어디에 쌓이는가요? 그리고 그것을 제거할 수 있는 혈자리가 있는지요?

● 답변

중금속이나 농약 성분이 체내에 들어오게 되면 이러한 물질은 지용성 용매에 잘 녹습니다. 그래서 체내의 지방 조직에 쉽게 축적되고 인체 내의 다양한 작용에 의하여 흡착되면서 세포가 죽게 됩니다. 소량일 경우 효소작용을 저해하여 호흡작용을 방해하는 등 침전, 흡착, 산화, 부식 등으로 인하여 인체의 호흡과 탄소 동화작용을 저해합니다. 중금속이 인체 내에 들어오게 되면 1차적으로 호흡기와 간장 기능이 치명적으로 손상을 입으면서 연쇄적인 병리 작용에 의하여 다양한 질병을 유발하게 되는 것 같습니다.

'간, 신장 기능이 나빠도, 스트레스를 받아도, 중금속, 화학물질, 농약, 방부제가 누적되어도'

결국 위의 어혈 생성 원인은 피가 맑지 못하고 혈액순환이 원활하게 돌지 못할 때, 오장기능 저하와 더불어 어혈이 만들어질 수밖에 없는 환경으로 인하여 중금속이 혈액 안으로 들어오면 백혈구는 중금속 성분이 혈액 내에 퍼지지 못하도록 자신이 달라붙어 죽으면서 중금속을 코팅하듯 감싸서 중금속이 혈액에 노출 되는 것을 방지합니다.

그러면 중금속을 감싸고 죽은 백혈구는 죽은피일까요, 살아있는 피일까요? 분명, 죽은 피 입니다. 이것을 어혈이라 할 때에 성분검사를 한다면 지방질이나 단백질이 되겠지요. 그럼 살아 있는 백혈구를 성분학 검사를 한다면 어떻게 나올 까요? 결과는 동일하게 나올 것입니다. 여기에다 우리가 먹은 음식물의 영양분이나 인체의 세포, 백혈구, 미생물 모두 성분 검사로 구분을 하려 한다면 죽은 것이나 살아 있는 것이나 성분학적으로는 같은데, 어떻게 구분을 할 수 있을 까요? 그래서 현대 의학의 기준으로는 어혈 즉, 죽은피란 개념은 나올 수가 없는 것입니다. 그래서 어혈의 개념은 포괄적일 수밖에 없습니다. 모세혈관에 쌓여 움직이지 않고 피의 흐름에 장애만 주고 영양학적으로 인체에 도움을 주지를 못하는 피를 어혈이라 정의하는 것입니다.

어혈을 일반적으로 혈전, 콜레스테롤, 피떡처럼 다양하게 불리어지지만 그러한 것들이 혈행에 지장을 초래한다는 것은 일반인들도 알고 있는 사실입니다. 하지만 이러한 것이 굵은 동맥과 정맥이 아닌 동맥의 끝과 정맥의 입구가 이어진 모세혈관의 혈압과 혈장 삼투압차에 의해서 조직액과의 물질교환, 몸속의 노폐물과 산소, 이산화탄소를 교환할 수 있도록 다리 역할을 하는 모세혈관에 침착되어 순환을 방해합니다. 따라서 사혈의 목적은 머리카락 보다 가는 이 모세혈관에 쌓인 어혈을 빼내어 혈액순환을 돕는 것입니다.

조혈식품에 대한 공부와 적용을 더 해보시면 중산해독제가 중금속 해독을 어떻게 해주는지 알게 됩니다. 더불어 요산해독제의 의미와 기본사혈을 충실히 하시면 중금속에 대한 해결책이 사혈 안에 있음을 아시게 될 것입니다.

🔔 관절염 사혈 후

● 질문

책을 통해서 사혈요법을 알게 되었습니다. 엄마께서 고혈압에 퇴행성관절염까지 앓고 계셔서 사혈을 해드리고 있습니다. 종종 피곤하시면 관절염을 앓고 있는 무릎이 퉁퉁 부어 구부릴 수 없을 정도가 되신답니다. 처음 사혈 할 때도 그 같은 증상이 있어서 12-16-45번 혈을 사혈해 봤습니다. 첫 시도 후, 붓기가 금세 가라앉고 구부리시는데 불편함이 없는 상태가 되어 일주일에 두 번 정도 같은 자리에 사혈을 했었거든요(네 번 시도). 그런데 이틀 전에 13번 혈을 추가해서 사혈을 했는데 아마 정맥혈관을 찔렀나 봅니다. 그럼에도 사혈하는 동안에는 피가 많이 나오지는 않았거든요. 근데 13번 혈 주위가 퍼렇게 멍이 들면서 손대지 못할 정도로 아프다고 하십니다. 물론 무릎도 부어 올랐구요. 단지 혈관을 찌른 탓인지..., 그래서 그런 증상이 나타난다면 그때 어떤 다른 조치를 취해야 하는지..., 사혈점을 잘못 찾아 나타나는 부작용인지..., 책에 보면 눈에 보이는 혈관을 찌르지 말라고만 한 것 같고 그때 어떤 조치를 취해야 하는지...

● 답변

안녕하십니까? 모친의 상태(고혈압, 관절염, 관절부위가 붓고 피곤함)로 보아 신장기능이 떨어진 합병증입니다. 모친의 연세, 체력 등 상세한 신상정보를 몰라서 일반적인 내용만 적겠습니다. 고혈압이 있다함은 어혈이 많이 쌓여 핏 길을 막고 있거나 혈액 속에 산소가 부족한 상태이고, 관절염은 어혈의 양이 많아져 피가 못 돌아 관절에 골수가 만들어지지 못하고 관절이 닳고 그 자리에 침입한 세균이 자리 잡고, 근육세포 또한 경직되어 관절이 한쪽으로 튀어나와 있고, 부분적으로 산도가 높아 세포들이 산도를 떨어뜨리려고 수분을 흡수해서 부은 상태가 된 것입니다.

위의 질병과 그 원인은 한 장기의 기능저하로 어혈이 많이 만들어져 핏 길을 막고 있고 산도가 높아져 백혈구가 무기력해져 있으며 부분적으로 붓고 있는 것으로 종합해 볼 수 있습니다. 치유는 기본사혈을 충분히 하면서 사혈을 한 후 12-13-45 -33-38번 혈을 사혈해야 합니다.

사혈의 순서는 꼭 지켜져야 하나 조혈의 양을 살펴가면서 응급적으로 관절부위를 사혈 할 수도 있습니다. 모친의 경우 혈관이 많이 튀어 나와 있을 것입니다. 보이는 혈관은 되도록 찌르지 말라 했는데 찔렀다 하더라도 컵 자락의 흡착력 때문에 생혈의 손실은 많지 않을 것입니다.

혈관을 찌르고 사혈을 한 다음에 통증을 느끼거나 관절이 부었을 경우에는 관절 부분이 막히거나 산도가 높아져서 나타나는 상태라고 보여 집니다. 응급사혈을 하더라도 하체 혈류의 중추적인 역할을 하는 6번 혈(고혈압)이 열려 주어야 합니다.

🔔 눈꺼풀 떨림 현상

● 질문

안녕하십니까? 저는 36세이며 인천에 살고 심천사혈요법을 혼자 한지 1년 정도가 되었으며 그 효과를 주변인들에게 알리고 있는 사람입니다. 정말 수고들 많으십니다.

사혈은 한 달에 2~3번 혈 자리에 약 3~5회를 하고 6-8번 혈은 한 달에 약 1회를 합니다. 다름이 아니오라 한 달 전부터 오른쪽 눈동자가 떨리는 것입니다. 불규칙하게 떨리고 10초 또는 그 이상도 떨립니다. 어떤 분은 풍이 오는 조짐이라고 하는데 불안도 하고 걱정도 됩니다.

● 답변

반갑습니다. 눈동자가 떨리는 것이 아니라 눈꺼풀이 떠는 것이라 생각합니다. 또한 이러한 현상이 풍이 오는 조짐이라고 하는 것은 중풍이 발생하는 원인을 모르고 하는 말이니 걱정할 사항이 아님을 알려드립니다. 그럼 눈꺼풀이 왜 떨리는지 풀어 보겠습니다. 우리 인체는 8조마리의 미생물의 집합체라고 했습니다. 이 많은 미생물이 살아가기 위해서는 영양과 산소를 공급받아야 만 살 수 있습니다.

이러한 영양과 산소는 혈관을 통하여 공급받는데, 혈액은 끊임없이 흘러가고 있으며, 이러한 혈액이 맑고 혈관의 막힘이 없다면 피의 흐름에 장애가 없어 잘 흐르겠지만, 이러한 여건이 되지를 않는다면 피의 흐름에 장애를 받는 곳에서는 산도가 높아지고 높아진 산에 의한 신경선의 합선에 의해서 떨림으로 나타나는 현상입니다.

사혈점은 1-9-20번 혈을 해 준다면 효과를 보실 수 있으리라 보여 지며, 기본사혈 방법을 다시 한 번 숙지하시면 좋을 것 같습니다.

🔔 다리 당김 현상

● 질문

올해 40세인 제 아내는 골반 밑으로 다리가 당긴다고 그러는데, 아직까지 심천사혈요법의 신비를 깨우치지 못한지라 왜 그런 현상이 일어나는지, 또 어떻게 하면 응급으로 그 현상을 잠재울 수 있는지 설명 부탁드립니다. 그리고 오른쪽 손에 힘을 줘도 힘이 들어가지 않는다고 하는데 왜 그런가요? 이제 막 2-3번 혈을 시작한 사람이라 아직까지 가야 할 길은 먼 것 같은데, 꼭 답변 부탁드립니다.

● **답변**

우리 인체의 어느 부위에 당김 현상이 생긴다는 것은 근육의 수축이완 기능이 원활하지 않다는 반증입니다. 그럼, 왜 근육의 수축이완 기능이 떨어졌을까요? 혈관이 막히지 않고 순환이 잘 이루어져도 그럴까요? 근육의 수축이완이 안 된다는 것은 온도가 떨어졌다는 것이고, 온도가 떨어졌다는 것은 혈액순환이 이루어지지 않는다는 것이며, 늘어나지 않는 근육을 강제로 늘이려 한다면, 이때 조직이 파괴되는 느낌을 받는 것이 통증입니다.

또한, 손목에 힘이 없다는 것은 어떠한 행동을 하려면 뇌에서 보내고자 하는 곳에 신경선을 통하여 전류의 강약을 보내 주는데, 그곳의 체세포가 힘을 쓰려고 뇌에서 신호를 보내 주어도 산소공급이 원활히 이루어지지 않는다면 힘을 쓸 수가 없습니다.

선생님께서는 갈 길은 멀고 심천사혈요법을 이제 시작하셨다고 하셨는데, 시작이 반이란 말이 있듯이 벌써 반은 오신 겁니다. 차분한 마음으로 심천사혈요법을 이해하면서 기본사혈에 충실 하시기를 바라오며, 한쪽 다리의 당김 현상에는 6번 혈을 사혈하고, 사혈 시 아픈 쪽 10번 혈을 사혈해 준다면 좋은 결과가 있을 겁니다.

🔔 대퇴부 염좌

● **질문**

몇 년 전에 운동을 오랫동안 안하다 갑작스레 과격한 운동을 하여 양다리를 한동안 사용하기가 어려울 정도로 아프고 생활하는데 힘든 적이 있었습니다. 당시 병원에서는 인대가 늘어난 대퇴부 염좌라고 하는데 몇 년이 지난 지금도 다리를 갑자기 들어 올리거나 힘을 쓰면 통증과 함께 근육에 마비상태가 와서 다리 운동은 그저 조깅이나 간단한 운동만 할 수 있습니다. 이런 경우도 심천사혈요법을 하면 호전될 수 있을까요? 가능하다면 어디를 어떻게 해야 하는지 답변 부탁드립니다.

● **답변**

우리 인체에 일어나는 현상은 원인에 의한 결과로 나타난 것이며, 원인을 바꾸어 준다면 결과는 당연히 바뀌는 것으로 이러한 원인을 다스리는 것이 심천사혈요법의 이치입니다. 우리 인체의 근육은 평상시 움직이는 근육과 운동할 때 움직이는 근육이 따로 있습니다. 그래서 평상시 안 하던 운동을 하면 근육이 뭉쳐서 고생을 하는 일이 생기는 경험을 하셨으리라 생각합니다. 이러한 현상이 일어나는 것은 혈관을 막고 있는 어혈이 이동을 하기 때문에 생기는 것이며, 근육의 인대 또한 같은 이치입니다.

사혈점은 대퇴부 해당 부위의 6-25-38번 혈을 사혈해 준다면 좋은 결과가 있으리라 보입니다.

🔔 두통

● 질문

저는 목과 뒷골이 무겁고 당기는 증상으로 생활을 하는데 불편이 있습니다. 두통 사혈 시 사혈순서는 어떻게 되며, 두통혈 자리에서 한번 사혈에 몇 회나 해야 하는지요?

보통 두통사혈은 일주일에 1번 사혈로 계산해서 몇 주 정도 해야 하며 사혈해서 어혈이 계속 나오면 계속 사혈해야 하나요? 현재 2-3번 혈 사혈중인데 사혈을 하면 하루는 손발이 차가워지고 두통이 더 심해지는데 왜 그런지와 두통이 심해지면 두통사혈을 먼저 사혈해도 괜찮은지요? 자세한 답변 부탁드립니다.

● 답변

두통이 온 원인은 뇌 속의 산소부족입니다. 사혈을 함에 있어 기본사혈은 매우 중요합니다. 그러나 두통이 심하다면 기본사혈보다 먼저 두통 사혈점을 사혈 해주게 되는데, 다른 곳은 사혈을 멈추시고 두통 사혈점만 잘 나올 때는 1군데서 10컵이라도 어혈을 제거해 주시고, 5회 이내에 사혈을 하시면 됩니다. 두통 사혈점은 조혈

기능에 도움이 되는 사혈점이 아님을 이해하시고 사혈 후, 휴식을 취한 뒤 기본 사혈점을 사혈하시기 바랍니다.

또한, 2-3번 혈 사혈 후 손발이 차가워지고 두통이 심한 원인은 평소 혈관 속에 산도가 높은 것이 원인입니다. 2-3번 혈 사혈시를 생각해 보시기를 바랍니다. 어혈은 나오지 않고 경직되며 산소공급이 떨어지니 일시적인 체기에 의해서 두통이 온 것입니다. 우리 인체의 모세혈관이 많은 손, 발, 머리에 순환이 원활하지 않을 때 신진대사의 기능이 떨어지면서 손과 발이 차가워지는 것은 당연한 이치일 것입니다. 그러므로 사혈 시 조혈식품 섭취가 중요한 것입니다.

신장과 간의 기능이 정상적인 활동을 하기 전에는 조혈에 대한 조치를 충분히 하면서 명현현상을 잘 극복해 가다 보면 체세포에게 맑은 혈액을 공급함으로 효과가 배로 빠르게 나타나는 것입니다.

🔔 머리(두통)사혈의 눈사태 현상

● 질문
머리 사혈에서도 눈사태 현상이 있나요?

● 답변
눈사태는 꼭 위에서 아래로가 아니더라도 다양하게 나타납니다.

오래된 어혈이 퇴화되면서 질긴 상태로 섬유질화 되어 있다고 생각해 보세요. 근육도 늘어났다 경직되었다 하듯이 그 피부속의 어혈들도 점도나 질긴 정도에 따라서 밀리고, 흩어지고, 내려앉는 다양한 변화들을 전체적으로 눈사태 현상이라고 합니다.

특히, 머리 부위의 경우 두피는 얇고 컵의 압력으로 인하여 예민한 사혈이 아닌 강하게 압력을 가하여 사혈할 경우에 찌든 어혈을 잡아두거나 더 막히게 하기도 합니다. 예를 들어 뇌경색의 경우 여러 가지 원인에 의한 내부적인 압력에 의해서 머리 쪽의 혈관을 막는 주변의 어혈이 다른 쪽으로 밀려가 막히게 했을 경우 산소 차단에 의한 체세포 쇼크로 보아도 무방하다고 생각됩니다.

● **두통혈 사혈 후, 시원한 느낌 2가지의 차이점**

첫째, 어혈이 제거되어 산소가 돌아 시원한 느낌

둘째, 어혈이 혈관을 막아 온도 저하로 싸늘하고 냉한 느낌

초보자의 경우 이 두 가지의 느낌을 구분하기에는 어렵습니다. 그래서 보통은 단지 어혈만 나와 주면 대부분 시원하고 개운하다고 합니다. 하지만 진액을 적용해 보거나 3~6개월 이상 꾸준한 사혈을 해 보신 분은 스스로 시원한 느낌과 냉한 느낌을 구분해 낼 수 있답니다. 말로 설명이 쉽지는 않지만...

6개월을 사혈해도 엄청 많은 어혈이 나온다는 사실을 직접 체험해 보시거나, 사혈은 횟수나 기간이 아니라 양이 중요하다는 것을 아신다면 눈사태 현상이란 단어 하나에도 수십 가지의 상황과 이치

가 숨어 있다는 것도 알게 됩니다.

우리 몸의 눈사태 현상은 머리부터 발끝까지 수십 가지 이상 도출해 내거나 발생할 수 있습니다. 단순히 정상과 비정상의 비교가 아닌 피부족이 있을 때와 없을 때, 압력의 작용 여부에 따라서도 눈사태 현상은 상황과 몸 상태에 따라서 천차만별로 나타나게 됩니다.

피부족의 상태일 경우 산소부족, 영양부족, 체온저하, 기력저하 등 압력이 높아지고, 근육이 경직되거나 늘어짐에 따라서도 혈관의 긴장과 팽창 등에 따라서 어혈의 점도나 강직도에 따라서 다양하게 눈사태 현상이 일어난다는 것은 충분히 유추해 낼 수 있습니다.

직업군에 따라서도 다양하게 나타날 수 있습니다. 동물인 이상 근육과 혈관의 분포를 생각해 보아도 일상의 움직임 패턴에 따라 눈사태는 다양하게 나타나게 됩니다. 이러한 다양한 눈사태 현상을 눈으로 봤냐고 물어 보시거나 과학 장비로 확인할 수 있는지 물어 보시면 답답하겠지만 수많은 체험과 이치적인 논리의 공부로 접근해 들어 가보면 누구나 알 수 있는 문제라고 생각됩니다.

결론은 눈사태 현상은 우리 몸 어느 곳에서 라도 나타날 수 있다는 말씀을 드리고 싶습니다. 다시 말해서 사혈의 요령과, 주의점, 조혈의 적용 등에 따라 안정된 사혈을 충분히 유도해 낸다면 눈사태 현상을 적어도 50% 이상 줄이거나 나타나지 않고 유연한 사혈을 할 수가 있습니다.

반대로 무분별한 사혈과 주의점 및 조혈의 적용 등이 부족할 경우에는 예상치 못한 눈사태 현상으로 피부족이나 반복되는 막힘에 의해서 진퇴양란의 상황을 겪게 될 것입니다. 그러하기에 공부의 이치를 헤아리기를 바라며 이러한 상황을 충분히 해결 할 수 있음에도 각자는 본인이 알고 있는 만큼만 적용하면서 왜 그러는지에 대한 답답함을 호소하기도 합니다.

생로병사의 자연현상을 받아들이는 과정에서 건강을 찾고자 수많은 요법들이 적용되어져 왔습니다. 효과 또한 다양하게 나타났습니다. 심천사혈이 그러한 역사와 방법을 막론하고 두드러진 효과를 나타내는 이유는 인위적인 소통을 통하여 몸 스스로 자생의 기능을 통하여 회복하는 것이기에 빠른 효과가 나타나는 것 같습니다.

하지만 그 빠른 효과 이면에는 인위적인 어혈의 적출로 인해서 우리 몸의 안정됨을 흩트려 놓거나 위험요소를 주게 됩니다. 그렇기 때문에 안정된 사혈을 위해서는 이러한 눈사태 현상을 최대한 겪지 말아야 합니다. 기본 사혈의 중요성을 강하게 인지해야합니다. 그렇지 않고 습관성 사혈에서 벗어나지 못했다면 눈사태 현상에 대한 이해부족이라고 봅니다.

적어도 심천사혈은 이러한 습관성 사혈이나 눈사태 현상을 완전히 제거하거나 피해갈 수 있을 때, 보사의 균형을 잘 이해하고 안정된 사혈의 과정을 잘 이끌어 낼 때 효과적인 사혈의 완성도를 높여 갈 수 있습니다. 그러하기에 올바른 지도자를 만나는 것과 기본 사혈의 중요성 그리고 공부의 중요성을 수도 없이 반복하여 말씀드리는 것입니다.

🔔 호전반응은 언제부터 나타나요?

● **질문**

사혈 후, 효과는 언제부터 나타날까요?

● **답변**

한마디로 명쾌한 답변을 하기 어렵습니다. 왜냐하면 개개인의 몸 상태가 어떤지, 단순통증 질환인지, 혹은 오랫동안 앓아온 질환인지 천차만별이기 때문입니다. 따라서 단 한 번의 사혈로 효능이 나타 나는 사람이 있는가하면, 3~6개월 정도 사혈을 해야만 효능이 나타 나는 사람도 있습니다.

근육통처럼 피가 못 돌아 근육이 경직되어 발생한 증세나 산소공 급이 되지 않아 발생한 증세는 사혈을 하여 피가 도는 순간 효능이 나타나지만, 연골이 마모되었거나 염증으로 세포조직이 파괴되어 나 타난 증세라면 피가 잘 돌고 난 다음 45일 후에나 효능이 나타납니 다. 하지만 더 결정적인 요소는 어혈의 양에 의해서 좌우됩니다. 하 수도에 찌꺼기가 많고 적음에 따라 물이 잘 내려가고 못 내려가듯 이 어혈의 양이 적으면 쉽게 효능이 나타나고 어혈의 양이 많을수 록 효능은 더디게 나타납니다. 즉, 모세혈관을 막고 있는 어혈을 제 거한 후, 피가 잘 돌아야 효능이 나타나기 때문에 효능이 나타나는 "일정한 기준의 표준시간"은 정할 수 없음이 심천생리학의 이치적 인 접근입니다.

🔔 요산에 관하여

● 질문

저는 심천사혈교육을 6개월 받고 이제는 집에서 가족과 함께 사혈을 하고 있습니다. 심천사혈 책 1,2,3권도 모두 읽었습니다. 제가 정말 이해가 되지 않는 것은 과연 '요산이 무엇인가?' 하는 겁니다.

'신간기능이 떨어지면 혈액 속에 요산수치가 올라가고 그러면 산소포화도가 떨어지고 그러면 체세포들의 소화능력이 떨어져서 고지혈증이 생긴다.'

위의 글에서 다른 건 논리적으로도 이해가 되는데 정작 중요한 요산이 무엇이지는 구체적으로 모르겠습니다.

● 답변

우리 몸은 유기적인 연결 관계로 되어 있습니다. 먹이사슬연결고리 라는 말을 사용하기도 합니다. 자연이 그러하듯 따로따로가 아닌 전체적인 연결고리 속에서 진화를 해 오면서 살아가는 방법을 터득해 간 개체들의 연결고리라는 것이죠.

세상에는 좋고 나쁨이 없는데 사람들이 눈으로 보고 판단하는 순간 좋고 나쁨이 생겼겠지요. 있는 그대로를 보고 인정해 주고 역할분담으로써 각 개체를 바라보지 못하는 짧은 시각이 생기면서 데이터베이스가 만들어온 과정이 있었겠죠.

인체 내의 수많은 개체들이 서로서로의 관계 속에서 생명을 유지할 때 영양과 산소를 바탕으로 소모를 하는 과정에 자동차 매연이 나오듯이 불완전 연소 물질들이 나오게 됩니다.

좋은 성분이든 나쁜 성분이든 우리 몸의 연결고리로 본다면 그러한 성분이 어느 장기에게는 먹이가 되고 어느 장기에게는 배설물이 되는 반복의 연속 과정에서 불완전 연소 물질들이 생기게 되는데요. 그러한 물질들이 최종적으로 필터링해서 걸러주는 곳이 신장이 되겠고 심천사혈요법에서는 만병의 근원을 신장 기능 저하로 보는 것입니다.

신장의 모세혈관이 막혀서 사구체 여과기능이 원활하지 못하게 되면 요산이 다시 혈액을 타고 돌면서 피를 탁하게 만들게 되고 피가 탁해지면 체세포들은 삶의 환경이 더 나빠지게 됩니다. 그렇기 때문에 이 요산 수치를 낮추기 위해서 수분을 끌어 않고 요산을 희석시키게 되는데 그것이 몸이 붓는 과정이기도 하고요.

요산은 체세포들의 배설물(대·소변)인 요산, 요소, 질소, 신진대사의 결과물, 노폐물, 수명을 다한 세포가 간에서 대사 후 분해 산물인 퓨린 등 다양한 형태의 집합체라고 보시면 됩니다.

이러한 요산이 배출되지 않고 혈액 내에 쌓이게 되면 혈액의 산성도가 약산, 중산, 강산의 과정을 거치게 됩니다. 이러한 혈액의 산성도에 따라서 다양한 질병의 형태로 나타나게 되는 것입니다.

- **추가 질문**

'신장과 간 기능이 떨어지면 요산수치가 올라가고 요산수치가 올라가면 산소포화도가 떨어지고~' 이 말은 귀가 닳도록 들었는데요. 가만히 생각해보니 한 가지 의문이 드네요.

'요산수치가 올라가면 산소포화도가 떨어진다.' 이 문장이 이치적으로 이해가 안 됩니다. 요산수치가 올라가면 어떠한 이치로 산소포화도가 떨어지는 거죠? 즉, 요산수치가 올라가는 것이랑 산소포화도가 떨어지는 것이 어떻게 연결되는지 이해가 안갑니다.

● 답변

요산에 대한 질문에서 본인이 답을 얻었다고 하신 부분=〉
'영양분을 소화시킬 때 불완전 연소 물질인 질소가스가 나온다.'
이게 답이 되지 않을까요?

질소 가스나 연탄가스나 불완전 연소된 물질들은 공기 중의 산소를 고갈 시키는 작용 때문에 혈액 속에서 요산이 기화되면 산소 포화도가 떨어진다는 이야기입니다.

🔔 **사혈 후에 생긴 물집**

● 질문

사혈을 하는데 사혈한 자리에 노란 물집이 부풀어 올랐습니다. 다시 사혈할 때 물집을 바늘로 터뜨리고 해야 하는지 아니면 사혈을 중단해야 하는지 알고 싶습니다.

● 답변

사혈 시 물집이 생기는 것은 평상시에 얼마나 순환이 잘 되는지와 신장 기능의 해독작용에 의해서 적정 산도가 유지되느냐에 따라서 달라질 수 있습니다.

물집이 생겼다면 일단 이렇게 하세요. 통증을 참을 정도는 물집에 상관없이 계속 사혈을 하되, 사혈을 중단하고 싶을 경우 물집은 그대로 두지 말고 바늘로 살짝 따서 탈지면으로 지그시 눌러 진물을 닦아 주면 됩니다. 물집으로 생긴 흉터는 혈액 순환만 원활하게 된다면 일주일내로 없어지기 때문에 염려하지 않아도 됩니다.

사혈 중 물집이 잘 생기거나 생기지 않는 것의 차이는 세포의 건강 상태의 차이라고 보면 됩니다. 정체된 부위의 세포가 약하여 피부에 물집이 잘 생기는 사람도 사혈을 하여 피가 잘 돌기 시작하면 세포가 건강해져서 쉽게 물집이 생기지 않습니다.

〈물집이 잘 잡히는 경우〉

● 신장기능이 아주 많이 떨어진 경우 높아진 산이 피부를 무르게 합니다.

● 해당 혈자리가 아주 오래 막힌 경우 순환이 되지 않는 곳은 산도가 더 높습니다.

● '산도를 떨어트리는 방법' 또는 '물집이 잘 안 생기게 하는 방법': 8번 혈(신간혈)사혈, 해독제 적용, 해당 혈자리 소통으로도 산도가 떨어지면 수포가 생기지 않게 됩니다. 이것을 심천선생님은 세포의 건강상태라고 표현 하시고, 해독과 소통만으로도 체세포가 분열이 되게 되면 물렀던 피부가 재생이 되면서 물집이 잡히지 않

는 건강한 세포가 됩니다.

●수포가 많이 생기는 곳은 다른 곳보다 체세포가 과민반응의 상태이기 때문에 사침 시 통증이 더 심하게 됩니다. 가령, 대상포진과 같이 강산이 피부를 무르게 하거나 세균이 번식하면 쉽게 가라앉지 않을 만큼 면역력이 떨어진 상태가 됩니다.

●이런 곳의 사혈 요령은? 사혈 전에 온열기로 순환을 도와주거나 마사지로 근육을 이완시키고 컵의 압력을 약하게 하여 약해진 피부에 수포가 오르지 않도록 합니다.

●바꾸어 말하면 수포가 올라온 곳은 이미 어혈이 섬유질화 되었거나 담석화 된 상태입니다. 이런 곳은 어혈이 쉽게 나오지 않습니다. 그런데 강제로 세게 당기다 보니 어혈은 잘 나오지 않고 더 막히게 됩니다. 이때, 온도는 더 떨어지면서 사혈전보다 일시적으로 산도는 높아지고 이로 인한 체세포들의 반응은 산을 희석시키려고 합니다. 그러다보니 피부의 짓무름이 더해지면서 약해진 표피에 수포가 생긴 것으로 해석합니다.

🔔 사혈 후, 마무리 방법

● 질문

엉뚱한 얘긴지 모르지만 어디선가 들은 말인데요. 사혈을 하고나서 마지막에 사혈침으로 찌르지 말고 건부항을 걸어서 마무리를 해야 한다고 들었습니다. 그런데 아니라고 하시는 분들도 계셔서 그런 방법이 맞는지 알고 싶어요. 아직 초보자라서 궁금한 점이 많습니다. 경험이 있으시면 알려 주세요.

● **답변**

심천사혈요법은 상식적인 의술입니다. 상식에서 벗어난 대부분의 모습은 각자의 해석에 의한 인위적인 모습입니다. 사혈 전에 건부항을 걸어서 주변의 어혈을 끌어 모으는 개념은 해보신 분들은 아실 것입니다. 어떤 분은 사침 후 처음부터 생혈이 나와서 어혈이 없다고 생각 하실 지도 모르는 부분입니다.

물론 사침을 적게 하면서 증감을 하는 과정에도 끌어 모음의 개념에 의해서 생혈 보다는 어혈 위주로 나오게 됩니다. 하지만 사람마다 신체부분마다 상태에 따라서 똑같은 사침을 하더라도 생혈과 어혈이 나오는 비율이 항상 같지는 않습니다.

그만큼 사침과 압축 건으로 당기는 압력이 피부의 두께와 경직에 따라서 수축됨과 찌든 정도의 영향력이 항상 연관되어 있습니다. 따라서 수치적인 것 보다는 감각적인 대응이 때론 생혈 손실을 줄이고 어혈 위주로 나오도록 하게 됩니다.

혈자리에 따라서 주변의 어혈을 제거해야 하는 경우도 있고 혈자리 깊숙한 곳의 어혈을 제거해야만 하는 경우도 많습니다. 또한, 근육과 혈관의 분포에 따라서도 눈사태 현상은 다양합니다. 막힌 정도에 따라서 서너 차례 사혈 후 해당 부위가 싸늘하게 식거나 경직되어 막힘에 의해서 더 이상 어혈이 나오지 않는 경우도 많이 경험해 보실 수 있을 것입니다. 그럴 때 체온과 주변 온도와의 차이에서 생기는 부항컵 속의 습(濕)이 발생함을 본다면 다시금 막혔음을 의미합니다. 그래서 온도의 개입이 무엇보다도 중요하게 영향을 미치게 됩니다.

어혈이 너무 나와 주지 않을 경우에는 생혈 손실을 줄이기 위해서 적은 사침 보다는 생혈과 같이 어우러지도록 나오게 하는 경우도 필요합니다. 하지만 매번 그렇게 하기 보다는 응급의 상황에 적용되어야 하며 일반적으로는 어혈이 나오지 않을 경우에 사혈전 처방이나 어혈을 분해하여 나오도록 유도함이 바람직해 보입니다.

두통혈 자리 같은 경우 다른 혈 자리와 달리 두피가 얇고 어혈의 찌든 정도가 심하기 때문에 사혈 후에 볼록하게 혹처럼 생기기도 합니다. 고무를 씌운 컵을 사용하고 압력을 최대한 약하게(한번~한번 반 정도) 당겨서 두피가 최대한 차단되지 않도록 하여 나오게 하는 것도 방법입니다.

사침시 침 자리가 검게 남아 있거나 사침 자리가 수일 내에 없어지지 않고 오래 간다면 그 또한 다른 부위보다 많은 어혈의 막힘을 뜻합니다. 3개월 사혈/3개월 휴식 후에 해당 자리에 솜털이 유난히 많이 나와 있다면 그 또한 어혈의 막힘에 의한 상황으로 보시면 됩니다.

사람마다 사혈 시 눈사태 현상의 기복이 다양합니다. 어떤 분은 기복 없이 꾸준히 잘 나와 주고 명현현상 없이 잘 적용하는 분이 계십니다. 하지만 이와 반대로 어떤 분은 수시로 막혔다 열렸다 기복이 심함에 따라 습관성 사혈로 오인하여 사혈을 포기하는 분들도 계십니다. 어찌되었든 어혈이 나오지 않음에 발생하는 다양한 상황을 최대한 다각도로 적용하여 풀어내는 것이 관건이 아닌가 생각합니다.

이러한 내용으로 비추어 질문에 답을 드린다면 사혈의 마무리는 적어도 생혈이 어느 정도 나와 주는 상태로 마무리가 되어주는 것이 막힘에 의한 현상들을 피할 수 있습니다.

마지막 사혈 시, 생혈이 나와 준만큼만 혈관이 열려 소통이 되어 준다는 것입니다. 마지막 사혈 시, 해당 부위가 냉하여 막힘의 상태에서 마무리를 한다면 반감의 여지가 충분히 있습니다. 물론 평상시에 소통이 잘 되었던 부위는 그러하지 않지만 소통이 잘 되지 않았던 부위는 더더욱 일정 혈관이 열려주어야만 그러한 다양성을 피할 수 있습니다.

결론적으로 사혈의 마무리에 사침하지 않고 건부항을 걸어서 하는 행위는 바람직하지 않다고 생각됩니다. 신장기능이 저하되신 분들은 사혈 후 맑은 액이 흘러나와 해당 부위에 감염의 우려나 다음 날 옷에 묻는 경우가 발생합니다. 피부에 머금고 있는 요산(신진대사의 결과물들의 집합체)이 피부의 경직에 의해서 일부 흘러나오게 되는 부분을 달리 해석하여 마지막을 건부항으로 하여금 마무리를 하면 그러한 현상이 발생되지 않기에 그러할 수도 있다고 봅니다.

혹시 기(공)와 관련된 일을 하시는 분들이라면 기가 빠져나간다고 현혹시킬 수 있는 상황도 없지 않을 것 같습니다. 이렇게 모호한 경우는 기와 혈액순환과의 관계를 참조하시기 바랍니다.

두통혈 사혈 시 개운하고 시원함을 느끼게 되는데 그 시원함을 잘 해석해 보시기 바랍니다. 다시금 볼록해진 부분이 혈관을 막아 냉기가 흐름을 뇌에서 시원함(차가움)으로 느낀 것인지 아니면 정말로 혈액 순환이 되어서 시원한 소통감을 느낀 것인지를 알아채야 합니다. 손으로 대보아서 냉기가 흐를 때 시원함이라면 막혀서 온도가 떨어진 시원함인데 잘 못 해석할 우려가 있어 보입니다.

혈관을 열어 놓음이 기(氣)의 순환을 자연스럽게 도모할 수 있는 것이지 기(氣)가 빠져나간다고 마지막을 건부항으로 막는 행위는 앞뒤가 맞지 않은 모습입니다. 하지만 위에 다양한 표현을 비추어 보아도 마무리의 건부항은 득(得)보다는 실(失)이 많음을 알 수가 있습니다.

혈관이 열리면 열릴수록 사침 시 통증은 줄어들고 눈사태 현상의 기복도 줄어들며 냉기의 현상도 점차 없어지고 혈관이 열려 온도가 올라감에 개선되는 사항들이 많습니다. 그러므로 마무리의 사혈 시에 생혈이 어느 정도 나와 주는 것이 일주일이 편안함을 알 수 있게 되는 것입니다. 이러한 충분한 상황이 연출되기 이전에 각자의 다양한 판단과 방법론에 의해서 나온 이야기가 아닌가 생각하며 순리대로 정도사혈 하시기 바랍니다.

🔔 손떨림(수전증) 증상

● 질문

안녕하세요? 30대인 제 남동생은 언제부터인지 손 떨림 증상이 있답니다. 면접 볼 때도 손 떨림 때문에 떨어진 적도 있구요. 평소에는 멀쩡한데 뭘 주고받을 때 보면 손이 떨립니다. 왜 그럴까요? 사혈을 한다면 기본사혈 후 어디를 사혈해야 효과를 볼 수 있을까요?

● 답변

우리 몸에 비정상적인 상황이 연출이 되었을 때 체세포의 다양한 작용이 있습니다. 산소와 영양분이 부족할 때 체세포들은 항상성을 유지하기 위하여 부족분에 대한 소통과 유지를 위해 몸부림의 현상을 외부적으로 나타내는 것 같습니다. 일시적이거나 장기적이거나 또는 떨림이 심하다가 약하다가 등. 다양한 형태이지만 영양분과 관련하여 흔히 부족하여 나타나는 경우의 떨림일 수 있지만 모든 사람이 부족하다고 다 떨리지는 않습니다. 모든 신경선의 집합체인 간질병 혈이 막혀서 오는 떨림이 있을 수 있지만 그러한 떨림은 전기를 반복적으로 주었을 때의 상황과 같은 인위적인 떨림으로 보아야 합니다(일정 주기의 반복 떨림). 질문하신 분의 상황은 아마도 수저를 든다거나 예민한 작업을 할 때 미세한 떨림으로 여겨지는데 이러한 떨림은 팔 쪽의 혈액순환이 이루어지지 않아 산소부족으로 인하여 오는 떨림인 것 같습니다. 팔 쪽에 산소부족이 오면 힘이 없어지고, 근력도 떨어지고, 예민함도 떨어지고, 정확성도 떨어지며, 탄력도 떨어집니다. 그 이외에 냉증, 습진, 건조증, 굳은살, 검버섯 등의 현상도 있을 수 있겠지요.

우리 몸에 산소가 부족하면 인위적으로 신경선을 합선시켜서 소통시키려는 작용도 있으며, 전체적으로 무기력해지거나 체세포가 정상적인 생명활동을 하지 못함에 의해서 다양한 비정상적인 형태로 나타나게 됩니다. 면접을 보면 누구나 긴장을 합니다. 한 두 시간 전부터 긴장의 연속일 것입니다. 머리는 멍하고 배에는 힘이 들어가 있으며 온몸에 식은땀이 나거나 입에 침이 바싹 마르거나 온 몸에 수축으로 인한 긴장의 상황에 몸은 비정상적인 패턴으로 유지를 하지요. 하지만 모두 다 그렇지는 않습니다. 이미 신장기능이 떨어진지 오래 되어 산소의 부족에 의해서 그러한 긴장에 의한 수축으로 혈관이 좁아져 순환이 원활하게 이루어지지 않음에 나타나는 일반적인 상황으로 볼 수도 있습니다.

우선 팔 쪽의 큰 물고의 흐름은 견비통과 팔기미혈 입니다. 팔기미혈 쪽을 소통시키고 견비통혈을 열어주면 어느 정도 개선의 여지가 있을 것으로 보이는데 그래도 개선이 없으면 중간의 팔굽통이나 닭살혈을 열어주어 소통을 시도해 보는 것도 방법입니다. 물론 책에서 기준으로 하는 양 만큼의 혈관이 열린 것을 기준으로 하지만 한 두 번의 사혈로 쉽게 해결되지 않을 수도 있습니다.

결과적으로는 단순어혈성으로 해결이 되지 않으면 뇌파 장애(1-9번 혈)와 심리적인 부분(5-30번)에서 기인한 원인이 있을 수 있음을 인식하시기 바랍니다. 그 이전에 신장, 간 기능의 저하로 인하여 요산수치가 높아지고 산소가 부족하고 영양부족과 더불어 전체적으로 혈액이 탁해져 있음이 더 원인 제공이라고 본다면 기본사혈을 충분히 해 주어야만 습관성 사혈에서 벗어나지 않을까 생각합니다. 현재의 증상은 일반인 기준으로 쉽게 나타나는 것이 아닙니다. 물론 직업적으로 어깨 쪽의 집중적인 순환이 되지 않음의 원인도 있겠지만 이미 다른 부분에도 문제점을 가지고 있음을 인식하시고 결과적인 해법이 아닌 근본적인 다스림을 위해서라도 조혈에 심혈을 기울이면서 제대로 된 접근이 필요합니다. 충분한 답변이 되었을지 모르지만 정식으로 배움이 아닌 책만 보고 하시는 분 같기에 우려의 말씀과 함께 인근의 배움원에 꼭 방문하셔서 상담과 함께 공부를 하시기를 권해 드립니다.

🔔 손발 무좀에 관하여

● 질문

안녕하십니까? 저는 손발에 무좀이 심합니다. 아무리 약을 먹고 치유를 해도 소용이 없습니다. 사혈을 하려고 하는데 손과 발 어디를 사혈해야할지 잘 몰라서 질문을 드립니다. 답변 부탁드립니다.

● 답변

반갑습니다. 심천사혈요법으로 무좀을 사혈 할 생각을 하셨군요. 오랫동안 약물을 섭취해도 치유가 되지 않았던 것은 이치가 결여된 치유를 했기 때문입니다. 항상 책을 가까이 두고 공부하시기 바라며, 무좀은 심장에서 가장 멀리 있는 손과, 발의 모세혈관이 막혀 외부로부터 들어오는 세균의 침입을 백혈구가 이겨내지 못한 것이 원인입니다.

사혈점은 발의 경우 무좀혈인 26-27번 혈을 사혈하고, 효과가 미약하면 중풍혈인 31번 혈을 함께 해주며, 손에 있는 무좀은 팔기미혈인 22번 혈과 습진혈인 52번을 사혈하면 됩니다. 하지만 신장기능이 많이 떨어진 것이 원인이 되어 무좀이 왔다고 판단이 되면 기본사혈(2-3-6-8번 혈)이 충족되었을 때 호전이 됨을 꼭 명심하시기 바랍니다.

🔔 발톱 무좀

● 질문

발톱무좀이 발생한지는 약 20년 정도 되었습니다. 피부과에서 약을 지어 섭취도 해보았지만 먹을 때뿐이고 다시 재발이 반복됩니다. 5~6년 전 우연한 기회에 심천사혈요법을 접하고 배움원에 등록하여 1급 과정까지 공부하면서 여러 증상들을 같이 공부했던 분들과 정보교류를 하면서 체험실험을 했습니다. 그러나 발톱무좀은 개별적으로 기본 무좀혈에 4~5일 간격으로 20회 정도 사혈을 해 보았으나 별다른 효과를 보지 못했습니다. 좋은 정보 부탁드립니다.

● **답변**

우리 몸의 본체는 체세포입니다. 누구나 사혈을 접하면서 빠른 효과를 경험하게 되면서 나름대로의 이치를 헤아리는 과정을 겪고 있습니다. 단순 어혈성 질환은 대체적으로 빠른 효과를 보지만 일반적으로 기능 저하성 질환이나 일정 시간을 가지고 풀어가야 하는 부분이 많이 있습니다.

사혈은 횟수나 시간 보다는 얼마만큼의 혈관이 열려 주었느냐와 세포의 입장에서 영양과 산소공급이 원활해지면서 체세포 분열을 할 수 있는 환경을 만들어주고 분열할 시간을 기다려 주어야만 합니다. 이러한 과정을 통해서 좋아지는 것을 확인하는 경우가 많습니다.

가벼운 무좀의 경우는 몇 차례의 사혈로도 호전 반응이 나타나는 경우가 많습니다만 발톱 무좀의 경우는 근시안적인 방법보다는 차근한 접근이 필요합니다. 20년 정도의 상황이라면 그 사이에 많은 양의 어혈이 덧 쌓여있을 것이고 이미 그 이전에 오장 기능의 저하와 조혈의 한계점과 몸 전체의 가지고 있는 양을 한번쯤은 생각을 해 보아야 하지 않을까 생각합니다.

기본사혈로 탁한 피가 어느 정도 맑아지고 영양과 산소가 풍족해지면서 발톱까지 혈관이 열려주고 세포분열을 할 시간을 제공해 준다면 새 살이 돋아나듯 발톱도 새로 나오지 않을까요?

하체 쪽의 큰 물고의 흐름은 6번과 10번 혈입니다. 앞쪽으로는 44번의 역할이 있으며 끝단말의 무좀혈 자리만 열어서 효과를 기대하기 보다는 전체적인 소통을 통하여 반복됨에서 벗어나야 합니다. 그러하기에 보사의 균형과 휴식과 해독과 보충과 정도사혈의 의미를 생각해 가면서 차근히 접근해 보시기 바랍니다.

🔔 약초와 음식

● 질문

약초(혹은 음식)중에 어떤 것은 간에 좋고, 어떤 것은 신장에 좋다는 말을 많이 들었습니다. 예를 들어, 간에 좋다는 것은 간의 어혈만 풀어주나요?

● 답변

약재의 기능과 작용 이치로 구분을 해 보면,
- 신장기능 저하로 요산 수치가 높아졌을 때 요산을 해독하는 기능: 비린맛, 무맛
- 간 기능이 떨어져 높아진 GOT, GPT 해독 기능: 신맛, 떫은맛
- 통증을 완화시키기 위한 마취 기능: 아린맛
- 어혈을 녹이기 위하여: 쓴맛, 아린맛
- 장속의 미생물을 활성화 시켜 소화 흡수를 잘 시키기 위한 기

능: 단맛, 고소한 맛
- 혈액 속의 염분 농도를 높여 해열을 하기 위한 기능: 짠맛

이 중에서 대부분의 질병을 일으키는 원인의 주범은 신장과 간이고, 두 장기의 기능이 동시에 떨어진 것이 원인이 되어 제 3의 질병을 일으키는 상태가 현대의학에서 말하는 희귀병입니다. 희귀병의 대부분이 비린맛, 무맛, 신맛, 떫은맛, 쓴맛의 약초 해독 기능으로 응급 치유 효능을 낼 수 있습니다. 그러나 직접 처방을 할 때의 기술은 가가 환자마다 현재 요산 수치와 GOT, GPT 수치가 얼마 정도인지를 그 수치에 알맞게 약성을 적용하는 것이 무엇보다도 중요합니다.

- 신장 기능이 떨어진 합병증으로 요산 수치가 높아진 것을 분해하는 방법
- 간 기능이 떨어져서 혈액 속에 독성분이 높아졌을 때 그 독을 해독하는 방법
- 백혈구의 무기력함을 활성화 시키고, 침입한 세균을 무기력하게 하는 방법
- 신장과 간 기능이 떨어진 합병증으로 이미 생긴 어혈이 혈관을 막고 있을 때 혈관을 여는 방법
- 나머지는 몸 스스로 알아서 고칩니다.

우리 인체는 물렁뼈가 마모되어 있어도, 뼈 속의 성분이 녹아 골

다공증이 되어 있어도, 염증으로 일부 세포 조직이 파괴되어 있어도 스스로 복원할 성질은 이미 다 가지고 있습니다. 이러한 처방의 원리를 근거로 하여 모든 처방은 사람의 몸 상태에 맞게 적절히 조화를 이루어야 하며 요리사가 맛있는 음식을 만드는 것처럼 자유롭게 처방할 수 있습니다.

🔔 독(毒)

● 질문

독에 대한 의문입니다. 해독이 안 된 음식을 먹었을 때 간(肝)이 손상됩니다.

1) 식물성 : 약초라든지 나물을 생으로 먹는 경우와 찌고 데치고 덖어서 먹는 경우가 있는데 구분점은 무엇인지요?

2) 동물성 : 생선회와 육사시미의 경우 영양이 좋다는 장점이 있습니다. 실제 술을 먹을 때 한우 생고기를 안주삼아 먹으면 평소 주량의 두 배를 마십니다. 하지만 날 것의 독성(毒性)과 흡수력 측면에 우려되는 점이 있습니다. 날 것을 먹은 다음날은 눈꼽도 끼고 얼굴이 약간 부은걸 느끼는데 독성에 의한 간(肝)의 부담이 아닌가 생각해서 여쭙니다.

● 답변

(질문1) 식물성

모든 풀은 주어진 환경에서 적응적 진화를 하면서 살아남는 법을 터득한 생명체만 유기체적 연결고리에 어우러지면서 존재하게 됩니다. 약초라고 부르는 모든 식물은 풀입니다. 이 풀들은 쓰임새에 따라서 값어치와 사용처가 각각의 약성에 따라 다양하게 데이터화된 듯합니다.

여름에 나는 식물은 더위를 이기기 위해서 음(쓴맛, 떫은맛, 신맛, 비린 맛, 아린 맛)의 성분을 많이 흡수하고 겨울에 자라는 식물은 추위를 이기기 위해서 양(단맛, 고소한맛, 매운맛)의 성분을 많이 흡수하게 됩니다.

동물이나 식물들은 각 환경에 살아남기 위한 방편으로서 독을 몸에 지니게 되는데요. 그 독을 만드는 방법은 이미 알아채고 지니고 있다고 보면 됩니다. 동물이 특정 식물을 자꾸 건드리고 열매를 따 먹게 되면 스트레스를 받은 식물들은 땅에서 더 강한 음(陰)의 성분을 취하게 됩니다.

자극적인 성분 또는 독성에 가까운 쓰고, 떫고, 아린 맛을 그대로 쓰게 되면 간에 치명적인 문제를 야기하게 됨을 세월 속에 알아챘기 때문에 이것을 최대한 독성을 제거하기 위해서 여러 가지 방법을 사용하게 된 것 같습니다.

자극과 독성이 강하다고 여겨지는 식물들은 법제하여 사용하는 것이 좋지만 일반적으로 보편화된 나물류의 것들은 데치거나 삶거나 말려서 부드럽게 먹는 것이 보편적이지 않을까 생각합니다.

인간도 음(陰)적인 쓴맛, 떫은맛, 신맛 등을 독으로 인식하지 않고 농경생활과 세월 속에서 맛으로 인식하게 되면서 특정 성분만을 취하는 편협적인 영양의 불균형을 초래하기도 합니다. 우리가 식물들을 나물이나 약초 그리고 차로 만들어 먹을 때, 찌고 데치고 덖는 이유는 다양할 것입니다. 부드러운 맛을 내거나 독성을 약하게 해서 지속적으로 먹기 위함일 것입니다. 또한, 최대한 인체에 해(害)를 주지 않기 위해서 찌고, 삶고, 데치고, 말리는 과정을 통해 이차적으로 바뀐 성분을 취하기도 할 것입니다.

생것을 먹을 때와 익혀서 먹을 때는 분명히 차이가 있을 것입니다. 생식을 하게 되면 식물이 가지고 있는 비타민, 미네랄, 칼슘, 철분 등을 자연스럽게 섭취하는 장점이 있고 체세포의 활성화에 많은 영향력을 주게 될 것입니다. 하지만 화식에 의해서 식물 본연의 성분이 날아가거나 2차적 성분의 변화로 얻어지는 장단점이 있을 것입니다.

봄철의 연초록의 연한 산나물류는 살짝 데치거나 장류에 담그거나 최대한 생식에 가깝게 식물 본연의 성분을 인체에 최대한 부담 없이 적용하는 것이 좋을 것 같고, 진녹색이 많은 쓴맛, 떫은맛, 아린맛이 강할수록 법제(열과 빛으로 찌고 말리고 날려버리고)의 과정을 통해서 순화되고 극대화된 성분을 재 흡수하는 것이 바람직해 보입니다.

(질문2) 동물성

기존의 영양 칼로리 기준으로 보면 술과 고단백의 관계에 있어서

회와 육고기는 숙취에 있어서 일시적인 대안은 되겠지만 포화지방의 경우(초·육식 동물) 기름이 위벽에 겔포스를 도포하듯이 유막을 형성해 놓으면 위에서 직접적으로 작용하는 부분에 대한 역할이 있을 것 같습니다. 하지만 날것과 생것의 고기를 먹고 나면 방귀의 냄새가 차이가 나는 것은 먹고 분해하는 과정의 불완전요소 물질이 다른 것이 되겠지요. 그 불완전요소 물질들이 액체화 되었을 때 독성이 혈액에 작용하다 보면 산소의 고갈정도에 따라서 술이 빨리 취하거나 늦게 취하는 것으로 연결되어지게 됩니다.

이미 신장과 간의 기능이 저하된 사람이 초·육식 동물 고기와 술을 다량 먹은 상태에서 취기가 오면 급격하게 높아진 산도와 산소의 고갈로 혈액의 탁해짐과 면역력 저하에 따른 모공과 피부로 접근된 세균들이 어디에든 잠시 자리를 잡았다고 생각하면 그 싸움의 흔적으로 눈곱이나 뾰루지나 붓기나 발적(發赤)등 숙취 후의 결과물들이 나타나게 되는 것 같습니다.

영상강의에 보시면 익힌 고기와 생고기를 밖에 한 달 정도 놓았을 때 냄새가 다르다는 이야기가 있습니다. 세균의 정도가 다르다는 것이고 배설물이 다르다는 것이고 생고기가 더 심한 악취가 난다는 것인데 그로 인해 발생된 2차적인 화학적 결과물이 인체에 미치는 영향을 생각해 본다면 사혈 시에 생고기를 피하라고 하는 것이며, 될 수 있으면 포화지방은 멀리하는 것이 건강의 유지에 도움이 된다고 보겠습니다.

● 독에 대한 이해

모든 독은 산성입니다. 모기, 벌, 곤충의 독이 산이며 산도의 차이에 따라서 붓기가 달라지는 것이며, 감식초나, 박카스, 비타민 등 신맛에 가까운 성분들이 인체에 들어와 이독제독의 작용으로 일시적으로 산소를 풍족하게 해줌으로 인하여 컨디션이 개선이 되는 측면입니다.

뱀독도, 청산가리도, 벌독도, 매연독도, 불완전연소 물질도, 소주도, 발효도 모든 성분들은 각 개체가 2차적으로 만들어낸 산성분인데 이 산도가 높고 낮음의 차이는 산소와의 결합 정도에 따른 휘발성의 어우러진 결과에 따라서 다양한 산성도의 물질이 나타난다고 보시면 되겠습니다.

해독의 비밀은 8번 신간혈에 있으며, 동물이나 식물이나 먹거리에 따른 이차적 결과물이 다를 수밖에 없으며, 인위적으로 발효와 효소의 관점에서 미생물이 먹고 배설한 물질도 산성분이기에 해독제의 대부분은 약산성분으로 인체에 해가 미치지 않는 이독제독의 적용이라고 보시면 되겠습니다.

벌에 쏘였을 때 간장, 된장, 파스, 약초 등을 바르게 되면 붓기가 바로 빠지게 되는 원리도 그러하고 임신 중에 아이의 혈액을 걸러내는데 부담을 느낀 산모의 신장이 부담을 느끼게 되어 임신중독증으로 몸이 붓는 것이나, 말기암 환자가 신간기능이 저하되고 체세포가 더 이상 살수 없는 환경에서 강한 산도를 떨어뜨리기 위해서 복수를 차게 되는 원리는 모두다 독성이 인체에 적용이 되었을 때 체세포가 그 산을 희석시키기 위해서 수분을 끌어 모으는 원리라고 생각하시면 됩니다. 이 모든 독의 최종적인 위험요소와 해결책을 가지고 있는 것이 8번 신간혈이라고 보시면 되겠습니다.

　이러한 독의 원리를 충분히 이해를 해야만 선생님께서 이야기 하시는 '화학반응'의 내용을 이해하고 진화론적인 동식물의 독성의 생성 과정을 이해를 해야만 하고, 사혈에 적용하는 다양한 약성의 원리 또한 이독제독의 원리와 법제와 발효의 과정에 의해서 약성을 적용하는 논리를 이해를 하고, 인체의 생리기능상 약산, 중산, 강산의 생성에 다른 환경을 다스리면서 사혈의 접근을 하는 것을 이해를 하고, 그에 따른 조혈과, 어혈의 생성과, 전체적인 보사의 균형을 충분히 헤아릴 때 나무가 아닌 숲을 바라보는 시각에 눈을 한 번 더 뜨게 되는 것 같습니다. 충분한 내용의 전달이 될지 모르겠군요. 도움이 되었으면 좋겠습니다.

🔔 어혈양 측정 기준

● **질문**

　사혈시 어혈이 30%이하가 나오면 중지하라고 되어있는데 측정을 어떻게 해야 하나요? 어떤 경우는 컵을 떼었을 때 생혈이 흐르는 경우도 있지만 많은 경우 컵을 제거했을 때 흐르지 않고 푸딩형태로 있습니다. 이 푸딩형태를 휴지로 닦으면 스며들고 어혈은 얼마 안 남지요. 스며들고 남은 것만 어혈로 보고 전체 푸딩부피 대비 계산해야 하나요? 어혈 30%, 50% 확인할 수 있는 정확한 방법은 무엇인가요?

● 답변

  사혈시 어혈이 30%가 나오면 중지하라는 말을 뒤집으면 생혈이 70% 나올 때 까지라고 이해하여 적용하시는 것이 쉬울 것 같습니다. 이 정도의 혈관이 열리려면 몇 차례의 사혈로 열리지 않습니다. 퇴적층과 같은 상태를 연상해 보시면 쉬울 것 같습니다. 오래된 어혈은 섬유질화 되어 있어서 더더욱 나오지 않으며 주변의 묽은 어혈만 나와서는 기대하는 만큼 효과를 보기 어렵기도 합니다. 사람마다, 부위마다, 어혈 뻑뻑한 정도에 따라, 피부의 경직도에 따라, 온도에 따라, 사침 요령에 따라, 신장 기능 저하에 따른 요산 정도에 따라서 나오는 어혈의 형태는 천차만별 입니다.

  적어도 1년 이상 예민하게 사혈을 하면서 어혈의 농도와 빛깔, 그리고 상태를 살펴가면서 사혈했을 때 예민하게 이끌어 낼 수 있습니다. 같은 푸딩 상태라도 처음 흘러내리는 생혈이라고 보여 지는 혈액 농도가 다릅니다. 그 뒤에 모세혈관에 쌓여있던 찌든 어혈의 농도도 다양합니다. 거기에 일부 피부에서 흡착되어 빠져나온 노폐물이라고 일컬어지는 것이 섞임에 따라서 사혈 컵 속 어혈의 형태가 푸팅형태, 묽은 묵 형태, 단단한 묵 형태, 섬유질이 섞인 찌든 형태 등 다양합니다. A라는 사람을 놓고 B, C 두 사람이 사혈을 했을 때 B, C의 사혈 요령과 방식에 따라서 A라는 사람을 사혈하는데 나온 어혈의 형태가 분명히 다를 것입니다. 아주 예민한 작업입니다. 질문하신분의 기준으로만 놓고 본다면 생혈의 양이 70%

정도 되니 혈관이 열린 것으로 볼 테지만 실상 경험이 많은 사람이 질문자가 사혈한 대상을 놓고 사혈을 했을 때에 다른 어혈의 양과 상태가 될 것입니다.

사혈은 기간이 중요한 것이 아니라 얼마나 책에서 기준한 양 만큼 나와 주어 혈관이 열리고 효과를 보느냐가 관건인 것 같습니다. 적어도 어혈위주로 나오도록 유도하면서 사혈을 해야 하고 그것을 예민하게 관찰해 가보시면 농도가 묽어져가는 과정을 볼 것이고, 빛깔이 달라져 가는 것을 볼 것이며, 같은 사침 회수에 비추어 더 많은 양이 나오는 것을 볼 것이며, 몸에서 느끼는 효과가 뚜렷이 나타나는 것을 볼 것입니다. 너무 많은 두루뭉술한 상황을 질문자분께 표현하기에는 질문자님의 공부와 과정과 경험이 필요합니다. 책만 보고 하시는 분들은 이해가 잘 안될 수도 있습니다.

한두 번 사혈로 어혈 반, 생혈 반 기준의 답을 낼 수 없습니다. 적어도 3개월 사혈, 3개월 휴식의 일정 사이클을 1년 이상 가는 과정이 있어야 제대로 파악을 할 수 있습니다.

그런 과정을 거치면서 15회~20회 사침 후 생혈의 유속이 20초 이내에 반 컵이 고일정도의 유속이면 혈관이 60~70%정도 열렸다고 보아도 무방합니다. 하지만 일시적으로 이렇게 유속이 열렸다고 착각할 우려가 많습니다. 내 몸의 가지고 있는 어혈의 양은 무시한 채 근시안적으로 접근하여 해석하는 경우가 다반사입니다. 다양함의 적용 없이 단순히 찌르고 나오는 결과물만을 가지고 판단하기에 어려움이 있기에 공부를 권하는 것입니다.

저는 일정기간 사혈 후 휴식기를 거치고 새로 사혈을 시작할 때

15회 정도 찌르고 20초 이내에 반 컵이 고이는 상태를 1회성으로 체크한 후, 어혈위주로 나오도록 사침수를 조절해 가면서 사혈을 했습니다. 그 다음 3개월 사혈 후 3개월 휴식을 마치는 시첨에서 해당 부위를 책에서 기준한 양만큼 나오는지 1회성으로 또 체크해 가는 식으로 중간 확인을 해 가는 식으로 했었습니다.

한 가지 팁을 드리면 처음부터 일정한 양, 탄력의 푸딩과 같은 상태가 계속 되는 경우가 있을 때, 일정기간 사혈 후 어느 땐가는 푸딩의 제일 윗부분이 흐느적거릴 때가 있습니다. 그 정도 되면 어느 정도 어혈이 빠져나왔다는 신호로 보아도 무방합니다(특히, 진액 적용 시). 하지만 이 경우도 생혈 손실 없이 사침의 증감을 예민하게 했을 때의 판단기준이며, 4구침으로 마구잡이식 사혈 시 체크하기 어려움이 있습니다.

🔔 어혈녹이는 약성의 적용

● 질문

'어혈 녹이는 처방'의 조혈식품은 청국장환이 대체한다고 볼 수 있는데, 살을 찌우거나 빼는 처방을 대체하는 것은 무엇이라고 해야 될까요? 처방전을 알려 주신대로 본사에서 종류별 안내해 주시면 좋겠어요.

● 답변

어혈 녹이는 처방은 중산해독제에도 일부 기능이 있습니다. 진액의 경우 어혈을 녹여서 불리는 기능이 있지만, 청국장환은 어혈의 전단계인 고지혈의 상태를 분해하는 기능에 가깝다고 보시면 됩니다. 물론 청국장환은 이미 섬유질화 된 어혈에는 아주 미약하지요. 하지만 모든 성분은 혈관이 열린 곳과 어혈이 맞닿는 부분이 차츰차츰 녹아 가기에 사혈과 병행했을 때 시너지효과를 이끌어 내는 측면에는 지속적으로 기능적 역할을 대입시켜 주는 것이 필요합니다.

살 빼는 처방은 살이 찐 원인이 신장기능 저하에서 비롯된 것이기 때문에 요산해독과 어혈분해가 주된 목적입니다. 요산해독은 약산의 해독관련 적용, 중산의 해독관련 적용, 강산의 해독관련 해독제가 그 역할을 합니다. 살을 빼기 위해서는 녹이는 약재가 일부 들어가야 하고 녹여 놓으면 신장이 부담스럽기 때문에 해독의 약재 비율을 같이 맞추어 주는 것이 관건입니다. 그래서 초기에 가볍게 붓는 정도의 얼마 지나지 않은 피부가 말랑한 형태의 비만은 청국장환과 요산해독의 적용을 꾸준히 적용을 해 주면 사람마다 차이는 나겠지만 살이 빠지게 됩니다.

살을 찌우는 약성의 적용 역시 신장과 간의 기능, 소장기능의 개선을 통한 영양적 흡수에 초점이 맞추어져 있습니다. 약재의 일정 비율은 해독의 성분과 영양의 보충의 어우러진 처방이라고 보시면 되겠습니다. 해독제로는 요산해독의 적용, 중산해독의 적용, 청국장환, 멸치죽염과 고단백불포화지방의 어우러짐으로 대체할 수 있겠습니다. 하지만 이 모든 처방과 조혈식품은 어떤 혈자리 사혈을 함께 병행하느냐에 따라서 각 개인의 몸 상태에 따라 결과 치는 다양하게 나타납니다.

본사에서 현재 진액을 처방하고 있습니다. 약성을 통해서 살이 찌고 말랐거나 어혈을 분해하는 등의 처방이 같이 진행된다고 보시면 되겠습니다. 이 세부분의 처방이 어떻게 보면 녹임과 해독 그리고 보충, 이렇게 삼박자의 어우러짐이 사혈하는데 있어서 기본적으로 적용해야하는 기능적인 역할입니다.

위의 약성들이 적용된다고 해도 결국은 어혈이 혈관을 막고 있는 것이 질병의 주된 문제입니다. 그렇기 때문에 얼마나 오랫동안 사혈을 했는가가 아니라 얼마나 많은 양의 어혈을 제거했는지에 따라서 결과는 다양하게 나타납니다. 즉, 시간과의 싸움이고 어혈의 양과의 싸움인 것입니다. 따라서 위의 처방은 단순하게 적용하기 보다는 모든 분들이 연쇄적인 기능 저하가 있기 때문에 질병의 원천을 해결하는 측면으로는 진액의 적용이 가장 효과적이고 획기적인 방법이라 하겠습니다.

예를 들어, A(진액을 적용하지 않고 1년 동안 잘 나오지 않는 어혈과 의 싸움을 한 경우)와 B(진액의 적용을 통해서 6개월 동안 사혈을 해서 어혈의 양이 잘 나온 경우)를 비교했을 때, 1년간 들어간 시간과 비용을 따져 보았을 때 그 이상의 충분한 가치가 있습니다. 그러나 심천생리학을 정확히 인식하지 못한 일반인들의 계산기로는 접근이 쉽지 않습니다. 그렇기 때문에 공부와 체험을 통한 이해가 충분히 된 분들에게 적용해 주는 것이 옳다고 생각합니다.

필자의 경우, 예전에는 중급과정이상을 공부하지 않은 분들에게는 절대로 진액적용을 하지 않았습니다. 가치를 모르고 이해를 못하는 경우가 발생하기 때문이지요. 그래서 공부를 강조할 수밖에 없으며 건강을 지키고자 하는 분들과 오랫동안 같이 가기 위해서는 교육을 통한 공부를 하는 것이 정답입니다.

사혈은 경제성, 안정성, 효과성에 있어서 최고라고 감히 말씀드립니다. 내 몸의 상태, 조혈의 상태, 조혈의 조치, 사혈의 주기와 양, 약성의 적용, 환경의 안정 등을 최대한 잘 적용하여 비용대비 안정적이고 효과적인 결과를 이끌어 주어야 합니다. 그런데 많은 분들은 병원에 가서는 몇 백 만원 비용은 당연히 내면서 내 몸에 필요한 적용은 아까워하고 큰 기대치만 가지고 있는 것을 오랫동안 안타깝게 지켜볼 수밖에 없었습니다. 심천사혈은 정확합니다. 내가 이해한 만큼, 적용한 만큼만 효과를 이끌어 낼 수밖에 없는 학문입니다. 다른 사람들에 비해서 더디게 나타나는 본인의 몸에 부족분을 인식하시고 보사의 균형이란 표현이 내포한 사혈의 필수불가결한 다양한 요소들을 잘 헤아리시고 적용하시기 바랍니다.

🔔 원형 탈모증

● 질문

지난 3월에 발견된 원형 탈모증이 두 개나 매우 크게 생긴 31세

청년입니다. 초등학교 때부터 간간히 생기고 다시 머리카락이 정상으로 나는듯하다가 다시 재발한 이후로는 좀처럼 나지 않아 1번 혈(두통혈)을 두 차례 사혈하였는데, 엄청난 어혈이 나왔습니다. 어떤 이는 죽염을 바르면 된다고는 하는데, 사혈을 하고나서 죽염까지 바르면 왠지 너무 독할 것 같아서 망설여집니다. 참고로 저는 2-3번 혈의 사혈은 꾸준히 했습니다.

● **답변**

젊은 나이신데 원형 탈모증이 생겨 고민이 많겠군요. 원형 탈모증은 신장과 간의 기능저하로 오는 현상입니다. 신장이 저하되면 요산이라는 성분이 혈액 속으로 돌아다니는데 이 요산은 무엇이든 녹이는 성질을 갖고 있습니다. 그러니 원형 탈모증의 주원인은 요산에서 시작됩니다.

머리에 있는 모근도 요산이 조금씩 녹여 가는데 산소와 영양분까지 요산이 녹여 버리니 머리에 있는 모근은 차츰 약해져 빠지는 현상이 나타나고, 원형 탈모가 된다는 것은 요산 성분이 피가 돌지 않는 부위에 많다고 보면 될 것입니다.

예를 들어 산에 나무가 있는데 나무가 죽어 간다면 어떻게 생각이 들겠습니까? 분명 어떤 환경적인 요인에서 영양 공급이 되지 않아 나무는 죽어간다고 생각이 들것입니다. 거기에는 물, 공해, 햇빛, 토양 등 여러 가지 요인이 해당되듯이 인간의 머리에 있는 모근도 요산에 의해 영양공급, 산소공급이 되지 않아 살아갈 수 있는 환경이 될 수 없는 것입니다. 어느 부분에 요산이 많은지에 따라 원형 탈모증도 결정됩니다. 그러니 두통혈에 몇 번 사혈 하신다고 좋아질 수 있겠습니까? 근본적인 원인을 말씀드렸으니 잘 하시리라 믿겠습니다.

선생님은 2-3번 혈을 계속하였으니 2-3-6번 혈과 2-3-8번 혈을 격주 교대로 사혈을 한 후, 기본사혈이 끝나면 혈액은 깨끗해지며 신장과 간 기능이 좋아져 원형 탈모증은 없어질 것입니다. 원형 탈모 부분의 사혈은 탈모된 곳의 중간부분에 사혈을 하면 탈모증은 없어지나 조혈 부분에는 신경을 써야 될 것입니다.

🔔 1형 당뇨에 대한 문의

● 질문

안녕하세요. 저는 초급과정을 수료한 지 6년이 넘은 것 같아요. 2-3번 혈을 사혈하고 6-8번 혈은 제대로 사혈하지 못하고 호주로 유학을 왔답니다. 그런데 여기서 결혼하게 되고 지금은 아기도 낳았어요. 그런데 신랑이 1형 당뇨이거든요. 전 당뇨라는 병은 저와는 먼 그런 얘기였는데 신랑이 인슐린을 맞고 있어요. 하루에 3~4번씩요. 아직은 젊어서 괜찮지만 너무 걱정됩니다. 사혈을 아무리 권해도 받아들이지 않다가 1년 설득 끝에 한다고 해서 너무 기뻤습니다.

서론이 너무 길었죠! 신랑은 1형 당뇨를 알게 된 지 3년이 조금

넘었다고 합니다. 일반당뇨와 달리 1형 당뇨는 췌장자체가 인슐린 분비가 안되기 때문에 주사로 인슐린을 배에다 맞고 있어요. 주사 맞는 모습을 보면 안타까워요. 저번 주 부터 2-3번 혈의 사혈을 시작 했구요. 충분히 2-3번 혈이 해결되면 다음 단계로 넘어가고 2년 정도 꾸준히 할 예정입니다. 저는 합병증을 예방하기 위해서 시작하는 겁니다. 제 욕심으로는 인슐린을 안 맞을 정도로 돌아올 수 있을까 하는 기대도 하는데 그런 분들의 체험이 있으신가요? 신랑한테 희망을 주고 싶네요. 질문이 너무 길어졌네요. 그리고 끝으로 보조적으로 추천해 주실 것이 있으면 부탁합니다.

● 답변

다행이라고 표현을 드리는 것이 더 적은 확률 이지만 시간을 가지고 풀어갔을 때, 다양한 변수의 작용으로 본다면 최선을 다하는 것이 의술이 아닌가 생각합니다. 물론 잘 아시겠지만 1형 당뇨는 고착당뇨에 해당하고, 2형 당뇨는 기복 당뇨에 해당됩니다. 당뇨의 주원인인 장기는 신장, 간, 췌장의 기능 저하가 원인입니다. 이미 췌장의 기능을 못하게 된 이전의 원인은 신장, 간 기능 저하에서 비롯되었겠지요?

1형 당뇨는 고착 당뇨라서 췌장 쪽으로 들어가는 혈관이 열리지 않으면(다시 말씀드리면 사혈을 해도 사정권에서 열리지 않을 확률이 많기에 개선 효과도 40%정도) 효과가 떨어진다는 이야기입니다.

2형 당뇨는 기복 당뇨라서 신장, 간 기능이 어느 정도 회복이 되어만 준다면 1형 당뇨에 비해서는 좀 더 효과가 높습니다. 하지만 대체적으로 당뇨를 가지고 계신 분들은 다른 병증에 비해서 사혈의 이해와 적용의 부족으로 인해서 사혈로도 쉽게 좋아지지 않는 경우가 많습니다.

우선 심천사혈에 대해서 얼마나 많은 체험과 이해를 하고 계신지는 모르겠지만, 멀리 타국에 계시다니 심천사혈요법 홈페이지에 방문하셔서 인터넷 동영상을 병행하는 공부를 하셔서 좀 더 많은 이해와 접근이 필요하십니다.

어찌 보면 당뇨로 인한 향후 기다리고 있는 합병증이 더 큰 문제일 것입니다. 합병증을 예방하는 측면으로 접근하셔서 기본사혈이 어느 정도 해결이 된다면 지금의 상태보다는 많은 호전을 가지고 올 것입니다.

사혈의 핵심은 혈액순환을 원활하게 해서 혈액을 맑게 하는 것입니다. 그렇기 때문에 사혈을 한다하더라도 혈관이 열리지 않으면 기대치는 떨어질 수밖에 없습니다. 췌장 쪽으로 들어가는 혈관에 초음파를 이용하여 잘게 부수는 역할이 동반이 된다면 좀 더 효과적일 것입니다. 또한, 어혈을 녹이는 처방이 병행이 되어서 찌든 어혈을 녹이는 과정이 있어야 합니다. 사혈함에 있어서 동원할 수 있는 모든 조건은 최대한 적용하시면서 피부족 없는 사혈을 2년이 아니라 그 이상이 걸리더라도 본인 스스로 확신을 가지고 풀어 가셔야 할 몫이 있습니다.

조혈식품은 사혈을 함에 있어서 필수적이고 상승효과를 가져오는 매우 중요한 요소입니다. 하지만 이 역시도 제대로 적용하셔야 합니다. 사혈함에 있어서 부족함이 없고 피 부족이 없는 가운데 기대

240

효과를 충분히 이끌어 내셔야 합니다.

사혈 시, 인슐린을 인위적으로 끊어서도 안 됩니다. 어느 정도 안정권에 들어 왔을 때에 인슐린을 적용할 것인지 아닌지 판단하셔야 합니다. 무엇보다도 가족의 공감과 이해를 바탕으로 함께 공부하면서 효과적인 결과를 이끌어 내시기 바랍니다.

🔔 눈이 부셔서 생활이 불편합니다.

● 질문

보통사람보다 눈이 너무 많이 부셔서 집안의 거실에 암막커튼은 물론 창문에는 까만 햇빛 차단지를 붙여서 생활합니다. 여름은 당연하고 요새도 밖에 나갈 때뿐만 아니라 직장 실내에서도 거의 선글라스에 가까운 까만색 안경을 쓰고 다닙니다. 그냥 색깔 없는 맨 안경은 눈이 너무 부셔 쓰지를 못합니다. 본인이 힘들고 아픈 것은 둘째고 실내에서나 밖에서나 까만 안경을 끼고 있으니 사람들이 이상하게 봅니다. 사람들을 만나도 서로 눈을 쳐다보며 이야기를 해야 하는데, 여러모로 많은 오해를 받습니다. 정상적인 사람처럼 밝은 대낮에 맨눈으로 다녀도 눈이 부시지 않게 되려면 어떻게 해야하나요? 제가 대체 어디가 안 좋아서 눈이 이렇게 된 걸가요? 그냥 20번만 사혈하면 될까요?

● 답변

눈은 여섯 개의 근육에 의해서 움직입니다. 일반적으로 눈도 혈액 순환이 원활하게 이루어지지 않으면 눈의 근육이 제대로 작동하지 않습니다. 그랬을 때 사물의 초점이 맞지 않거나, 집중해서 보기 힘들거나, 빛의 굴절 조절이 되지 않거나, 시력 저하 등 다양한 증상이 발생하는 것 같습니다.

각막은 빛이 눈에 들어오게 하여 초점을 맞추는 일을 돕는데 망막의 광감각 세포들은 상(狀)이 받고 있는 빛의 강도에 따라서 다양한 강도의 신호를 뇌로 전달하게 됩니다. 또한 눈의 근육 조절에 지장을 주는 원인중의 하나는 눈 내부의 액압의 증가에 의해서 다양한 증상이 야기되기도 합니다. 이러한 원인으로 본다면 안구 내부와 안구 주변의 혈액 순환의 문제에 의해서 홍체의 근육이 빛을 조절하는 근육의 수축 이완이 원활하게 이루어지지 않아 빛이 일시적으로 많은 양을 통과하게 되어 눈이 부신 것 같습니다.

피가 맑아지고 혈액 순환만 원활하게 이루어진다면 우리 몸은 아플 이유도 없기에 몸 전체의 탁함은 기본사혈을 어느 정도 해결해놓거나 해독제로 충분한 해독의 병행이 필요하며, 순환에 대한 부분은 눈 주변(피를 맑게 하고 압력을 내리는:2-3-6-8번 혈, 단순어 혈성:20-17번 혈, 뇌쪽 순환과 신경: 1-9번 혈 추가)의 혈액 순환을 도모하면 어느 정도 해결이 될 것이라고 생각합니다.

🔔 음식 맛을 떨어지게 하는 치유는 가능한가 여쭙니다

● **질문**

음식 맛을 떨어지게 하는 치유는 가능한가 여쭙니다. 특히, 술을 안마시고 싶게 하는 방법은 없을까요? 고수님들의 현명한 답변 기다리겠습니다.

● **답변**

일반적으로 기호식품인 술과 담배는 현대 생활을 하면서 각종 욕구불만과 더불어 스트레스 등의 대안으로 이용되어지고 있는 것 같습니다. 10명이 같은 강도의 스트레스와 일을 하여도 각자의 내면에서 받아들이고 풀어냄은 오장기능 정도와 피의 탁도에 따른 체세포의 반응에 따라 다양합니다.

우리 몸은 넘치지도 모자람도 없는 중용의 개념에 항상성을 유지할 때 가장 건강함인데 기호식품에 의지하는 분들의 대부분은 오장기능 저하와 탁한 환경에서 비롯된 욕구불만을 동반한 체세포의 불안정한 상태에 기인한 정서적 욕구 해소와 불안정의 개선을 하고자 하는 성향이 강하신 분들이지 않을까 생각합니다. 물론 기쁨을 나누고자 하는 부분도 많겠지만요.

알코올이 우리 체내에 많은 양이 들어가게 되면 독으로 작용되어 마약이 일시적인 환각상태를 야기하듯 산소부족으로 인하여 체세포의 혼미함을 유발하여 알코올 중독의 성향 또한 자신의 의지로 제어하기 힘든 습관에 놓이게 되어 반복적임에서 벗어나지 못하고 나약해진 의지력이 통제력을 잃게 되어 다시금 알코올을 섭취하지 않나 생각합니다.

그 반복이 개선도 아니고 위안도 아닌 술기운을 빌어 잠시 욕구충족의 기회로 삼거나 갈구함에 길들여지는 과정에 몸은 더욱 열악한 환경에 의해서 헤어나지 못하는 나락에 빠져가게 되는 심각성을 가진 분들도 많은 것 같습니다. 그로 인한 제2, 제3의 상황까지 자제력의 소실로 인하여 삶 자체를 불안함으로 이끌어 가는 것 같기도 하다는 생각입니다.

우선 해독제의 적용으로 해독을 통하여 피를 맑게끔 한다면 가시적인 환경 개선으로 산소가 풍족해 짐에 따라 체세포의 안정을 기하면서 기본사혈을 충실히 하여 책에서 기준한데로 혈관이 열리고 충분한 양의 어혈이 나와 준다면(2-3-6-8번 혈과 1-9-5-30-32번 혈 정도의 혈자리 까지 어느 정도 해결이 되어준다면) 체세포의 안정에 따른 욕구불만이 줄어 들것이며 그러다 보면 일상에 있어서 기호식품에 의존하는 성향은 줄어들지 않을까 생각합니다.

위의 해당 혈자리가 막히게 되면 성격적으로 불안정(불안감, 초조감, 답답함, 긴장, 욕심, 다혈질, 게으름, 피곤함, 의욕저하, 피해의식, 욕구불만 등)의 정도에 따라 합해진 그 사람의 성향이나 성격으로 나타나게 됩니다.

혈자리가 충분히 열려만 준다면 살이 찌고 마른 사람도 적당한 체중으로 되며, 성격적으로 예민하거나 게으른 사람도 안정된 성격이 됩니다. 수치적으로 높거나 낮은 부분도 정상 범위에 들어가게 되며 전체적으로 심신의 안정됨을 찾을 수 있게 됩니다.

또한, 다이어트와 같이 순리의 적용이 아닌 인위적인 식욕억제를 통하여 몸을 개선시키고자 하는 발상은 시작부터 몸을 망가트리는 원흉임을 이해하셔야 하며 내 몸이 좋지 않은 것을 원함에 있어서 그 원인을 개선하여 바꾸어간다면 우리 몸은 적당히 부족함을 채우고 넘침을 배출하는 자율 조절 기능은 다 가지고 있기에 사혈을 통하여 안정된 오장의 기능을 유지하도록 하는 것이 가장 바람직한 이치적인 방법이지 않을까 생각합니다.

육은 영을 다스리고 영은 육을 다스리는 상호관계를 이해하신다면 사혈을 통하여 성격도 바뀔 수 있으며 맑은 영혼의 바탕을 이루는데 도움이 될 것입니다. 또한, 각자 타고난 관념이 한생 살아가는 동안 인식 못하고 가는 부분이 있기에 명상을 통하여 내 자아의 본체를 들여다보면서 이치적인 헤아림으로 많은 현실의 얽힘과 섥힘을 풀어내는 것 또한 심리적 정서적인 안정을 갖는데 많은 도움이 되지 않을까 생각합니다.

위의 답변은 다양성을 내포한 포괄적인 답변이기에 개인의 성향과 이해함에 따라 해석이 달라지므로 고정된 답이 아님을 추가로 말씀 드립니다.

🔔 사래가 자주 걸립니다

● 질문

저는 몇 년 전부터 사래가 자주 걸립니다. 음식은 물론 때로는 물을 마시다가도 걸립니다. 사례가 심할 때는 한참 동안 숨쉬기도 힘들어 꼭 죽을 것 같은 때도 가끔 있습니다. 책에 사래에 대한 사혈법은 없더군요. 사래 치유에 고견 부탁드립니다. 참고로 저는 금년 75세입니다.

● 답변

사람의 식도와 기도는 목에 함께 붙어 있습니다. 평소에는 숨을 쉬기 때문에 기도가 항상 열려 있어야 하는데 음식을 먹으면 기도는 닫혀야 합니다. 음식을 삼킬 때 기도와 식도 사이에 후두개가 근육작용에 의해서 앞으로 움직여 기도를 막고, 음식이 식도로 들어가게 하고, 음식이 넘어간 다음 기도가 열리게 됩니다. 이 과정에서 후두개가 기도를 막기 전에 음식이나 침이 들어가면 기도 점막이 자극을 받아서 재채기를 통해 이물질을 제거하려는 반사작용이 일어나게 되는 것입니다.

코골이도 신장기능 저하로 목젖이 탄력을 잃게 되어 나타나듯이 사래가 잘 들리는 경우에도 신장기능 저하로 산소부족에 의해서 후두개의 근력이 떨어짐에 의한 개폐 작용이 느리게 나타나는 경우로 보아야 하겠습니다. 감기가 자주 들고, 목이 자주 쉬고, 가래가 끼고, 코골이가 심한 경우가 빈번하게 있는 분들은 호흡기 기관지 쪽으로 이미 혈액순환이 원활하지 않은 분들이 대부분입니다.

평상시에 기본사혈을 충실하게 하시고 4,18,8번 혈이 충분히 열리게 되면 웬만해서는 사래가 들리지 않을 것입니다.

🔔 임플란트를 하고 난 후 두통이 심합니다

● 질문

오랫동안 치통이 있는 60대 후반의 남자분인데요. 임플란트를 하고 난 후 두통이 심하다고 하십니다. 어떻게 하면 도움이 될까요?

● 답변

임플란트와 두통의 관계는 여러 사람들이 공통적으로 겪는 과정인 것 같습니다. 일시적으로 왔다가 없어지거나 오랫동안 지속되는 경우가 있는 것으로 보입니다. 두통의 원인은 뇌혈관 쪽의 막힘과 신장 기능 저하에 의한 산소부족과 산도의 높음으로 인한 신경선의 합선으로 인한 원인도 생각해 보아야 합니다. 풍치나 치통의 대부분은 신장 기능 저하에서 비롯된 산도에 의해 치아의 보호막을 녹이거나 신경에 의한 통증인 것 같습니다.

임플란트 사혈 시 마취를 생각해 보아야 합니다. 적게는 두세 곳 많게는 네다섯 곳을 마취를 깊게 합니다. 특히 치아 쪽 신경이 예민하고 사혈 시 고통을 없애준다는 명목으로 마취를 필요이상으로 하는 경우도 허다합니다. 누워있는 상태에서 마취를 하다보면 축농증이나 비염이 있는 분들은 사혈 후 콧물이 줄줄 흘러서 멈추지 않는 경우가 있기도 하고 마취가 뇌 쪽으로 영향을 미친다면 이미 뇌 쪽으로 혈관이 막힌 분들은 남보다 두통이 더 심하게 유발되는 경우도 있는 것 같습니다. 또 사혈 후 진통제와 항생제를 다량 섭취하게 합니다. 엄청난 통증의 고통이 동반되기에 적어도 일주일 이상을 섭취하게 합니다. 드셔보신 분들은 아시겠지만 속이 쓰리고 위가 무기력할 정도로 약이 독한 것을 누구나 알게 됩니다. 진통제 역시 마취의 역할을 생각해 보면 이미 신장과 간의 기능이 저하되었거나 뇌 쪽으로 혈관이 막혀 충분히 소통되지 않는 분들은 진통제의 영향에 의해서 산소부족 등으로 인한 지속적인 두통을 호소하는 경우가 많이 있는 것 같습니다.

특히, 사혈 전에 고혈압, 당뇨, 각종 신경관련 증상, 뇌쪽의 문제가 있었던 분들은 의사의 상담이 사전에 충분히 되어 조율이 되어야 할 정도로 병원에서 마취, 진통제, 항생제 등의 간접 원인 제공의 다양함이 있는 듯 생각됩니다. 사혈로 접근하는 방법은 치통의 경우는 풍치혈이 도움이 될 것이고, 두통의 경우는 뇌의 입구와 출구를 열어주는 것이 도움이 될 것입니다. 그 이전에 신장, 간 기능이 저하된 것을 생각하면 약산해독과 중산해독의 적용 혹은 강산해독을 적용함으로써 해독의 작용이 도움이 될 것입니다.

🔔 족저근막염

● 질문

발바닥의 중간지점에서 뒤꿈치까지의 중간지점이 많이 아픕니다. 과도한 운동(배드민턴)으로 인하여 기상해서 첫발을 디디면 특히 많이 아프고 보행 시 발바닥의 근막이 긴장되면서 심하게 불편함이 옵니다. 그리고 장단지도 많이 아픕니다.

배움원에서 교육을 1개월 정도 받고 있으며 2번 혈(위장혈), 3번 혈(뿌리혈), 6번 혈(고혈압혈)을 사혈하고 있습니다. 발바닥에 통증이 너무 심하여 알통혈을 사혈했지만 종아리는 조금 좋아졌으나 뒤꿈치 아픔은 효과를 못 보고 있습니다.

책을 읽다보니 발바닥이 아프면 중풍혈을 사혈하라 했기에 중풍혈도 사혈해 봤지만 효과를 못 보고 있습니다. 어떻게 좋은 방법이 있는지요? 정확한 답변 부탁합니다.

● 답변

안녕하십니까? 발바닥 중간지점이 아프다는 것은 경직 되어있는 곳에 과도하게 충격을 준 경우이거나 경직되어 있는 곳에서 염증이 있는 경우인 것으로 보입니다.

우리 몸의 어느 곳이든지 경직 된 곳은 어혈이 많이 있다는 경우가 됩니다. 그 예로 닭살혈(15번 혈), 알통혈(10번 혈), 중풍혈(31번 혈) 등. 만져보면 강약 차이가 있을 뿐이지 어혈이 있으면 통증이 있다는 경우가 됩니다. 평상시에 통증이 있다면 그곳에는 상당한 양의 어혈이 혈관을 막아 영양 공급이 이루어지지 못하고 있다는 것이니 사혈하고 나서 만져보아 통증이 없어야 어혈이 나왔다 할 수 있습니다.

운동선수인 한분이 사혈을 하는 과정을 본 사례가 있었는데 31번 혈(중풍혈)과 10번 혈(알통혈)에서 어혈이 쉽게 나오지 않았습니다. 10번 혈(알통혈)은 멍이 들고 31번 혈(중풍혈)은 사혈 시 통증 호소로 사혈하기가 몹시 어려운 곳이었는데 사혈하고 좋아진 사례였습니다. 질문을 주신 분은 사혈을 제대로 하셨는지요? 사혈하고 나면 10번 혈(알통혈)자리와 발바닥을 엄지손가락으로 눌러보십시오. 발바닥은 속에서 경직된 상태입니다. 지금도 불편하다면 어혈이 많이 있다는 것입니다. 먼저 통증을 참을 수 있을 만큼 눌러서 풀어준 다음 사혈하시고 발을 온수 물에 담가서 어혈을 녹여 놓고 사혈하면 도움이 됩니다. 사혈하는데 참고가 되셨으면 합니다.

🔔 비와 무릎통증

● 질문

선생님, 비가 오거나 날씨가 흐릴 때는 몸의 반응이 일기예보보다 더 정확합니다. 특히, 허리와 무릎통증이 심합니다. 이러한 통증이 오는 이유가 있나요?

● 답변

비가 오면, 바람이 불면, 밤만 되면, 추우면, 스트레스 받으면 어디가 아프다, 쑤신다, 절인다, 감각이 없다, 붓는다, 아리다, 칼로 도려내듯이 아프다 등의 표현을 많이들 하십니다.

심천사혈은 질문과 동시에 답을 도출하게 되는데요. 진단시각이 치유시각이라는 말이며 질문 속에 답이 있다는 의미입니다. 피가 맑고 순환만 잘 된다면 만병이 물러가는 이치는 누구나 다 아실 것입니다. 위에서 언급한 다양한 증상들은 체세포가 느끼는 감정을 뇌에 전달한 것입니다. 증상의 차이는 어혈이 어느 혈관을 얼마만큼 막았느냐에 따른 아우성이라고 생각하시면 됩니다. 공통점을 찾는다면 각 직업군에 따라서 분류를 해도 어느 정도는 맞을지 모릅니다. 화이트칼라와 블루칼라에 따라서도 분류가 되겠지만 상체를 많이 쓰느냐 하체를 많이 쓰느냐, 손과 발, 허리, 무릎, 어깨, 발바닥, 목 등 개개인이 하루 중에 반복적으로 몸에 주는 손상이 가장 많은 곳이 어혈이 가장 많거나 기능이 퇴화되었거나 통증이 많은 곳이 될 가능성이 높답니다.

아마도 그런 부분의 대부분은 근육이 경직되었거나 퇴화되고, 모공이 크거나 검고, 냉하거나 두텁거나, 과민반응이 있거나 무디거나 등의 상태를 보이게 됩니다. 이것을 전제로 놓고, 비가 오면 대기압력이 높아지는데 몸속에서는 순환이 원활하지 않아 압력이 높은데 외부 압력까지 높아지니 몸은 예민한 센서처럼 여러 가지 증상을 더 느끼게 됩니다.

예를 들어, 혈관이 60%막혀서 가끔 아픈 곳이 있는데 비가 와서 압력이 높아지니 혈관이 수축되면서 70%가 막힌 상황이 되면서 비가 오기 전에 비올 것을 미리 알아채거나 비만 와도 증상을 빠르게 인식하는 것입니다.

다른 증상들도 마찬가지로 낮에는 괜찮다가 밤만 되면 불면증에 시달리는 경우, 낮과 밤의 기온 차에 따른 몸의 수축 이완 작용이 혈관을 압박하기 때문입니다.

날씨가 추운 경우와 스트레스를 받는 경우도 과민반응에 더해진 수축과 압력의 차이로 산소량 부족에 따른 체세포들이 일상보다 예민하게 느끼게 된 것입니다.

사혈을 하면서 내 몸 구석을 알아채는 계기가 있기도 한데요. 일명 피부족 상황입니다. 피부족이 되면 평상시에 50%정도 막혀서 아직은 통증으로 나타나지는 않은 부위에 피부족으로 산소공급이 원활히 되지 않음에 없던 통증이 생기는걸 알게 됩니다. 그러면 이곳은 어혈이 많이 쌓였다는 것을 알아채고 나중에 그 곳을 해결해 주면 됩니다. 피부족이 와도 순환만 잘되면 피부족의 느낌을 잘 느끼지 못하고 잘 견디는 건강한 사람도 많이 있습니다. 그렇다고 자만할 것이 아니고 각자 나이 퍼센트만큼 쌓일 수밖에 없는 어혈의 양에서 벗어날 수 없는 인간의 삶을 인식하는 것이 중요합니다. 그래서 현재 내 몸의 체세포가 아우성치는 소리가 들리시는 분은 미리미리 예방 하시고, 방치해서 몇 곱절 큰 고통에서 허우적거리거나 이끌리지 마시고 안정된 삶을 만들어 가시기 바랍니다.

심천인의 얼을 보시면 인간의 한계점이 옳고 그름의 기준 없이 앞서 배운 지식이 옳다고 생각하는 삶 속에서 잘못 자리 잡은 욕망의 끝없는 허울 속에서 허덕임이 있습니다. 내가 옳다고 생각하는 것들이 잘못된 것임을 하나씩 알아가는 과정의 알아챔이 말하는 의미를 받아들이고 적용할 수 있으면 좋겠습니다.

🔔 통풍인가요?

● 질문

50세 여성분으로 낮에는 좀 괜찮은데 잠만 자면 온몸이 아프다고 하십니다. 몸살과 좀 다른 통증이라는데, 제가 들어보니 통풍인 듯해서요. 통풍에 대해 고수님들의 설명과 사혈 중 함께 먹어야할 해독제에 대해서 알려주시면 감사하겠습니다.

● 답변

적어도 방향제시뿐 아니라 사혈하는 과정에 다양한 상황에 대한 대처 등 많은 것들이 예민하게 적용되어야 합니다. 될 수 있으면 체계적인 공부를 통하여 그 분들께 뒷감당을 해 주실 정도의 실력을 갖추는 것이 여러모로 생각해 보아도 맞을 것 같습니다. 인근의 배움원에 꼭 방문하셔서 공부를 해 주시기를 권합니다.

대체적으로 50세 전후의 여성분들이 생리계통, 갑상선, 저혈압,

피부 관련, 뼈 관련 문제들을 많이 안고 계시는 것 같습니다. 아마도 여러 가지 원인이 있겠지만 타고남의 몸 상태, 출산 후의 신장 기능 저하, 의식주(특히 다이어트, 타이트한 옷)등의 원인도 한몫을 하지 않을까 생각합니다.

통풍은 신장기능이 아주 많이 떨어진 원인에 의해서 산도가 높아져 세포의 보호막을 녹여 나타나는 통증의 형태와 더불어 다양한 상황의 연출이 있는 것 같습니다. 부분적으로 손, 발 무릎 등 관절이 붓거나 마디가 아프거나 하는 등의 다양한 상황도 있는 것 같습니다. 신장기능이 떨어지신 분들의 대부분은 산도에 의해서 각종 상태를 유발하는데 특히 몸이 붓거나 산소부족으로 피곤함을 느끼고 피부 탄력 또한 떨어져 멍이 잘 들거나 하는 등의 몸 상태를 가지고 있습니다.

밤에 온몸이 더 아픈 것은 기온의 차이와 기압의 차이에 의해서 더 압박감을 받음으로 인하여 소통이 되지 않음에 이미 체세포가 산소부족에 의해서 반가사상태의 스트레스의 원인제공을 함에 더 그럴 수 있습니다. 일상적으로 보면 몸 전체에 혈액순환이 되지 않는 분들이 밤만 되면 두통, 가슴 답답함, 혈압관련 등의 상황을 연출함은 적어도 해당 부위의 혈관이 60%이상 막혀있다고 보아도 무방합니다.

단순히 혈관 막힘도 있겠지만 그 이전에 기능이 떨어진 것이 누적되었을 때, 몸의 이곳저곳에서 많은 원인을 제공하기 때문에 단순한 사혈로 접근하지 마시고 조혈식품(조혈이 좋지 않은 분은 모두 다 필요함)을 철저히 적용하시어 기본사혈을 충실히 풀어 가시다 보면 현재의 몸 상태는 충분히 극복 되리라 생각됩니다.

🔔 자연 유산은 왜 발생할까요?

● 질문
제가 아는 분이 자연 유산으로 아이를 가지지 못하고 있습니다. 혹시 사혈해 보신분이나 효과를 보신분이 있으면 알려 주시기 바랍니다.

● 답변
단순히 경험상의 사혈로만 접근하지 마시고 이치적인 헤아림 공부가 우선되어야 어떤 상황도 답을 이끌어 낼 수 있습니다. 생명을 다룸에 있어서 너무나 많은 다양함이 있기에 시작도 원인도 결과도 천차만별입니다.

과일 나무가 열매를 많이 맺고 적게 맺고는 토양의 환경이 주된 역할을 합니다. 적당한 환경일 때 최상의 결과가 나옵니다. 하지만 넘치면 오히려 적음을 유발하고, 부족하면 과함을 유발하여 결과적으로 좋지 않은 상황을 만들게 되어있는 것이 동식물의 생명의 이치입니다.

감나무가 흡수할 영양분이 적으면 열매를 평소보다 더 많이 맺습니다. 생존 본능의 자연스러운 현상일 것입니다. 열매를 많이 맺었으면 열매들을 다 골고루 영양흡수가 되어야 하는데 충분한 영양공급이 되지 않으면 그 많은 열매들은 대부분 떨어지고 맙니다. 누가 시켜서도 아니고 그냥 삶의 적응적 진화로 보았을 때 본능일 것입니다. 그 다음 해에 해거리를 하고 다시 토양에 충분한 영양상태가 충족 되었을 때 감나무에 다시 적당한 열매가 맺힐 것입니다.

사람도 마찬가지로 유산이 되었다는 것은 몸 스스로가 태아를 키울 환경이 되지 않았다는 것이지요. 물론 원인으로 들어가면 작은 혈관에 착상되어 충분한 영양 공급이 이루어 지지 않은 것도 있을 것이고 영양상태가 좋지 않아서 그럴 수도 있을 것입니다.

유산이 잘 되는 분들의 대부분은 신장기능이 좋지 않아 자궁 쪽으로 들어가는 앞쪽과 뒤쪽이 막혀있습니다. 이로 인하여 낮은 온도, 높은 산도 그리고 순환은 되지 않고, 빈혈, 저혈압, 부은 몸, 뼈 관련된 증상, 산소가 부족한 증상 등 좋지 않은 다양한 몸 상태를 가지고 있을 것입니다.

결국은 피를 맑게 하고 혈관을 열어 순환이 되고 몸 스스로가 충분한 조건이 되어 애써 유산을 시키지 않아도 될 조건만 형성이 된다면 해답은 있습니다.

🔔 잦은 몽정

● **질문**

안녕하세요. 저는 심천사혈을 접하고 6개월간 시행해 본 결과 좋은 효과를 보고 있는 사람입니다. 다름이 아니라 제가 몇 년 전부터 1주 혹은 2주에 한 번씩 몽정을 하고 있습니다. 심천사혈을 배우는 입장에서 너무 잦은 몽정도 신장의 기능이 떨어져진 것으로 생각되는데 혹시 원인이나 좋은 해결방법이 있을까 싶어서 질문을 드립니다.

● **답변**

사람에 따라서 몽정에 대한 해석이 다양할 것 같습니다. 젊었을 때 혈기 왕성하고 세포분열이 잘 이루어 질 때에는 생리적 욕구와 종족 번식의 욕구에 의해서 방사의 개념이 오랜 세월 길들여져 있기에 자연스러운 현상으로 볼 수도 있습니다.

반대로 나이가 들어감에 따라 혈관이 막히고 혈액이 탁해집니다. 이러한 열악한 상황에서 세포는 자신의 의지와 상관없이 삶의 욕구로 인한 2세를 남기고자 할 때 몽정이 발생할 수도 있습니다.

다른 각도에서 보면 성적인 욕구가 강한 경우에 습관적으로 행위를 하다가 그렇지 못할 때 몸에서 성욕의 발동으로 꿈에서 대신 행위에 대한 대행을 하고 있다고 볼 수도 있을 것 입니다.

또한 우리 몸에는 다양한 센서의 작용이 있는데 예를 들어서 방광에 소변이 적정 수준이 찼을 때 오줌이 마렵다는 신호를 보내게 됩니다. 그런데 신장 기능의 저하로 몸속의 산소가 부족하게 되면 이 센서 기능이 예민해져서 적은 소변이 찼는데도 수시로 소변을 보고자 하는 욕구가 생기기도 합니다. 이렇듯이 음낭 쪽으로 혈액 순환이 원활하지 않아 어느 정도 팽창과 수축의 원활함이 잘 이루어지지 않을 경우에 방사의 욕구가 발동을 할 소지도 있다고 생각됩니다.

조루나 지루 등 성기능과 관련된 부분을 사혈의 관점에서는 혈류량과 산소를 표현하는데요. 신장 기능 저하로 혈액 속 전체에 산소가 부족하거나 성기 쪽으로의 혈류량이 원활하지 않을 때 성감 퇴화나, 조루, 지속력이 떨어지는 등의 성기능 저하가 나타나게 됩니다. 이럴 경우에 기본 사혈과 해당 부위 쪽의 혈류 개선으로 성기능 개선을 충분히 유도해 낼 수 있답니다.

이 기준으로 본다면 신장 기능 저하로 몸 전체에 산소가 부족하거나 혈류량이 원활하지 않아서 센서의 기능이 제대로 작동하지 못하는 경우도 생각해 보아야 하지만 최종적으로는 뇌파 장애를 생각해 보아야 합니다. 자율신경계의 이상으로 인하여 수축과 억제의 기능을 제대로 하지 못하여 꿈을 동반한 방사가 빈번하게 이루어질 가능성도 있다고 보여 집니다.

어릴 적에 식은땀을 유난히 많이 흘리는 경우 우리는 몸이 허약하다고들 합니다. 몸이 허하다는 것은 영양이 부족하다는 것인데 장기능이 저하되어 부족하다고도 할 수 있지만 신장 기능 저하로 혈액이 탁하고 산소가 부족하여 체세포가 불완전한 환경 속에서 산소부족으로 인한 몸 전체의 무기력 상태가 된다면 호르몬 분비, 항상성, 신진대사의 정상적인 기능이 이루어지지 않아 여러 가지 기능적인 문제라고 생각됩니다.

이러한 종합적인 상황으로 비추어 볼 때 심천사혈요법의 해법으로는 기본사혈을 충실히 하시고 생식기 쪽의 소통과 뇌쪽의 소통을 해결해 줌으로써 몸 전체의 순환과 탁도를 개선해 주면 몸이 원래 가지고 있던 중용의 안정적인 상태를 항상성이란 표현으로 잘 유지해 가지 않을까 생각합니다.

🔔 잠만 자면 온몸이 아파요

● 질문

50세 여자분으로 낮에는 좀 괜찮은데 밤새 잠을 자고 일어나면 온몸이 아프다고 하십니다. 몸살과 좀 다른 통증이라는데 제가 들어보니 통풍이라는 생각을 합니다. 혹시라도 통풍에 대해 고수님들의 설명과 사혈 중에 함께 먹어야 할 조혈식품 좀 알려주시면 감사하겠습니다.

● 답변

대체적으로 50세 전후의 여성분들이 생리계통, 갑상선, 저혈압, 피부 관련, 뼈 관련 문제들을 많이 안고 계시는 것 같습니다. 아마도 여러 가지 원인이 있겠지만 타고남의 몸 상태, 출산 후의 신장 기능 저하, 의식주(특히 다이어트, 타이트한 옷)등의 원인도 한 몫을 하지 않을까 생각합니다.

통풍은 신장기능이 아주 많이 떨어진 원인에 의해서 산도가 높아져 세포의 보호막을 녹여 나타나는 통증의 형태입니다. 부분적으로 손, 발 무릎 등 관절이 붓거나 마디가 아픈 경우가 많습니다.

신장기능이 떨어진 분들의 대부분은 산도에 의해서 각종 증세가 유발됩니다. 특히 몸이 붓거나 산소부족으로 피곤함을 느끼고 피부 탄력 또한 떨어져 멍이 잘 들거나 하는 등의 몸 상태를 가지고 있습니다.

밤에 온몸이 더 아픈 것은 기온의 차이와 기압의 차이에 의해서 더 압박감을 받음으로 인하여 소통이 되지 않음에 이미 체세포가 산소부족에 의해서 반가사상태의 스트레스의 원인제공을 함에 더 그럴 수 있습니다. 일상적으로 보면 몸 전체에 혈액순환이 되지 않는 분들이 밤만 되면 두통, 가슴 답답함, 혈압관련 등의 문제점을 호소합니다. 이런 분들은 적어도 해당 부위의 혈관이 60%이상 막혀 있다고 보아도 무방합니다.

단순히 혈관 막힘도 있겠지만 그 이전에 기능이 떨어진 것이 더 해졌을 때 몸의 이곳저곳에 많은 원인제공을 한 것입니다. 이러한 경우에는 단순한 사혈로 접근하지 마시고 조혈식품을 철저히 적용하시어 기본사혈을 충실히 풀어 가시다 보면 현재의 몸 상태는 충분히 극복될 것입니다.

🔔 잠잘 때 놀라는 증세

● **질문**

잠이 슬며시 들려고 할 때 껌직껌직 놀래는 증세가 연속적으로 발생되어 잠을 못자고 있습니다. 병원에서 수면다원검사 결과 수면율이 7%정도 밖에 안 된다고 합니다. 현재 5-30번 혈을 5회씩 사혈했고, 9-1번 혈은 3회씩 사혈했는데 사혈한 날은 잠을 잘 수가 있으나 그 다음날 밤부터 다시 3~4회씩 놀래다가 점차 놀래는 횟수가 많아집니다. 왜 놀람이 생기는지 정확한 원인과 사혈방법을 알고 싶습니다.

● **답변**

1. 다양한 원인적 해석

1) 피의 탁도(환경): 기본적으로 생각 할 수 있는 부분이 신장과 간 기능의 저하로 인해서 발생되는 탁해진 혈액입니다. 피가 탁하다는 것은 체세포 입장에서는 산소와 영양의 부족이 발생됩니다. 이와 같은 열악한 상황에서는 잠자리에 들어야 할 시간에도 불구하고 끊임없는 생명활동을 하게 되어 활동성 체세포의 과부하로 인해서 나타나는 상태일 수도 있습니다.

2) 뇌와 5장6부의 관계: 심천사혈에서는 뇌세포 하나당 5~6개의 체세포가 연결되었다고 보고 있습니다. 뇌세포와 체세포간의 연결은 우리 몸의 신호 전달 체계입니다. 이렇게 보았을 때 특정 부위의 체세포가 과민성, 긴장성 상태가 지속적으로 뇌에 전달이 되어 안

정되지 못한 불안한 현상으로 나타날 수도 있을 것 같습니다.

3) 뇌파장애: 2번 항목과 반대로 체세포는 이상이 없는데 뇌쪽의 혈류가 막혀서 뇌세포가 고사(枯死)된 상태입니다. 온 몸에 전기적 신호를 보내지 못하거나 보내긴 하지만 약하거나 아니면 보내다 말다를 반복하는 등의 뇌의 병변으로 인한 문제도 생각해 볼 필요가 있는 것 같습니다.

4) 뇌와 심장의 관계: 기존. 한방의 개념은 기(氣)가 성해야 혈이 돈다는 바탕으로 그 근원을 심장으로 보고 있는데요. 심천사혈의 관점은 혈이 돌아야 기(氣)가 성한다는 논리이기 때문에 끊임없는 순환 속에서 발생된 힘이 있어야만 뇌에서 그 전기적 신호를 심장에 전달해 주는 구조로 설명을 합니다. 그러했을 때 뇌에서 약한 신호가 보내진다거나 혹은 심장에서 그 신호를 받아도 반응이 약하게 작용 했을 가능성도 생각해 봅니다. 약하게 작용한다는 것은 모세혈관이 막혔다는 것이겠지요.

5) 뇌와 체세포의 관계: 뇌는 컴퓨터의 중앙처리장치의 기능을 합니다. 인간의 본체는 체세포이기에 뇌기능이 마비가 되더라도 체세포는 본연의 적응적 진화론적인 행위는 끊임없이 하게 됩니다. 단지 특정 부위의 기능적인 제한이 있겠지만 뇌와 체세포의 상호연동 관계가 원활하게 이루어지고 항상성을 유지해야 하는데 어느 한쪽의 기능이 제대로 작동이 되지 않을 때 체세포 역시 불안한 상황이 안정된 잠자리를 연출하지 못하게 하는 부분도 생각해 봅니다.

6) 혈액순환의 제한적 환경: 위에서 언급한 부분들이 전혀 문제가 없는데 단지 말초 모세혈관이 막히거나 인체의 중심인 허리와 배가

262

막힘으로 인하여 전체적으로 상압이 걸리거나 빠른 심장 박동으로 인하여 심장 체세포가 안정됨을 찾지 못하는 단순 어혈성일 가능성도 있습니다. 이 경우 손끝, 발끝, 허리의 모세혈관이 충분히 열려 압력이 떨어지고 심장의 부담이 줄어들어도 어느 정도 개선의 여지가 있을 것 같습니다.

7) 기타:

- **온도:** 날씨의 변화에 따른 신체의 수축과 이완에 따른 변화의 불안감

- **잠자리:** 체세포도 과민반응의 상태일 때 잠자리도 불편하다면 더욱 가중된 상태 연출 가능

- **틱 증상:** 틱 증세는 소뇌 쪽의 문제이기도 하지만 부분적으로 혈관이 막힌 상태에서 체세포가 소통을 위해서 신경선을 합선을 시킨다면 욱신대거나 두근대거나 찌릿하거나 등의 체세포 본능이 전달이 될 수도 있는데 이러한 증세가 심장 부위나 뇌 쪽에 지속적으로 발생할 가능성

- **스트레스:** 일상의 스트레스가 뇌 쪽, 허리 쪽, 어깨 쪽, 뒷목 쪽, 종아리 쪽 등에 지속적으로 나타난다면 전체적인 수축과 경직으로 인하여 압력이 증가하고 순환이 되지 않습니다. 혈액순환이 정체됨에 따라 불완전 연소물질과 온도 저하로 인하여 체세포의 불안감이 가중된다면 그 또한 안정되지 못함을 줄 수 있습니다.

8) 결론: 우리 몸에 나타나는 모든 문제는 원인 없는 결과는 없습니다. 혈액 순환이 원활하고 혈액이 맑은 상태에서 체세포의 안정적인 환경만 유지할 수 있다면 몸이 보내는 웬만한 신호는 다스릴

수 있게 됩니다.

2. 원인 해석에 따른 현실적인 답변

"해당 혈자리를 사혈했더니 당일 날은 잠을 잤지만 다음날은 다시 반복이 되거나 더 많아진다."를 풀어보겠습니다.

1차적으로 순환에 문제가 있었는데 잠시 소통이 되어 체세포가 안정이 될 때에는 반응이 멈추다가 다시금 눈사태로 인하여 막혔을 때에는 반복이 되거나 더 가중되는 부분을 보아도 5-30-1-9번 혈이 어느 정도 영향력이 있는 것은 맞습니다. 하지만 횟수나 양이 얼마 되지 않기에 일시적인 것만으로 답을 도출하기에는 부족분이 많습니다.

일반 사혈, 진액 사혈, 아님 해당 혈자리만 무분별한 사혈을 하시는지 알 수 없으나 8번(신간혈)혈이 충분히 소통이 되어 산도를 떨어뜨려야 하는 것이 우선이 되어야 합니다. 그리고 5-30번 혈이 열려서 심장이 혈액을 밀어내고 당겨올 때 앞뒤 혈류가 부딪힘 없이 원활하게 움직여 주어야 하는 것이 두 번째가 되어야 합니다.

1-9번 혈의 뇌 쪽 혈류가 소통이 되어 뇌세포의 안정된 기능이 작동이 될 때 뇌와 오장육부, 영과 육의관계에 있어서 심신의 편안함을 찾을 수 있다면 편안한 잠자리는 자연스럽게 얻을 수 있다고 봅니다. 본인의 몸인지 아니면 주변 지인의 상태인지는 모르겠으나 보사의 균형을 생각하시고 일반 사혈보다는 약성의 적용을 잘 병행하시고 효율적으로 갈 것인지 안정됨으로 갈 것인지 스스로 잘

풀어 가시기 바랍니다.

기(氣)란 무엇인가?

● 질문

'기(氣)가 약하다' 혹은 '맥(脈)이 약하다' 는 말을 많이 합니다. 맥(脈)은 알 것 같은데 기(氣)는 무엇인가요?

● 답변

어려운 질문을 하셨군요. 기(氣) 알면 아무것도 아니고 모르면 신비주의로 포장되기 쉬운 존재지요.

공기, 전기, 기력, 기운 등 일상에서 자주 언급되는 기운(氣運)은 특정의 역할을 하는 에너지 혹은 힘이라는 것은 분명합니다. 지구와 달의 중력차이, 발전기의 코일수와 회전에 따른 용량, 마찰에 의한 힘, 교행에 의한 힘, 낙차에 의한 힘, 압력차에 의한 힘 등 방식은 다르지만 얻는 에너지는 그리 다르지 않습니다. 기(氣)의 발생과 더불어 기(氣)의 저장과 축적에 대한 부분도 이해를 해야만 몸에 대한 기(氣)를 풀어낼 수 있습니다.

우리 몸에 기(氣)라는 것은 분명히 존재합니다. 한마디로 이야기하면 순환입니다. 순환(循環)은 기(氣)를 이해하면 단순해집니다. 눈에 보이지 않는다고 신비주의로 포장하거나 대단한 것으로 치부 할 필요가 없습니다.

어린아이들을 보면 아이들 그 자체가 에너지 덩어리라고 생각될 만큼 지칠 줄 모르고 활기차게 뛰어놉니다. 하지만 노년기에 있는 어른들만 보더라도 기운이 없다 혹은 기력이 떨어졌다는 표현을 하기도 합니다. 이는 순환이 되지 않음을 말합니다. 팔에 힘이 없을 때(손 떨림, 무감각, 근력, 탄력, 속도, 정확성 등)의 상황들은 혈액순환이 되지 않음으로 인해서 나타나는 현상인데 일부에서는 기(氣)가 허하거나 부족하다는 표현을 쓰기도 합니다. 그래서 기공을 하시는 분들은 기(氣)를 주입한다고들 합니다. 물론 일시적인 호전효과는 있겠지요. 침을 맞으나 뜸을 뜨거나 마사지를 하거나 비슷한 효과들은 누릴 수 있지만 근본적인 접근은 되지 않습니다. 하지만 심천사혈요법의 사혈은 어혈을 제거하여 혈액순환을 도모하여 위와 같이 팔에 문제가 있는 부분을 개선하는 측면을 생각해 보면 여타의 요법보다 월등한 기력회복의 효과를 볼 수 있습니다.

우리가 온 몸에 기력이 떨어졌을 때 22-44-1번 혈에 침을 꽂거나 사혈을 해 주면 일시적인 소통에 의해서 몸이 가벼워지는 것을 느낄 수 있습니다. 손끝, 발끝, 그리고 머리 쪽에 모세혈관이 집중적인 분포로 본다면 모세혈관을 소통시켜 줌으로 인하여 동맥과 정맥의 원활한 소통이 이루어짐으로 인하여 온 몸에 산소를 원활하게 돌려준 작용 하나 만으로도 기력이 일시적으로 회복되는 것을 알 수가 있습니다.

기감이 좋은 사람과 그렇지 않은 사람의 차이는 혈액 순환이 얼마나 원활이 이루어지느냐의 차이와 신장 간 기능의 저하로 인하여 혈액이 얼마나 탁하고 맑은가에 의해서 충분한 산소의 공급이 이루어지느냐에 따라서 기감의 차이를 볼 수 가 있습니다. 이미 신장 간 기능이 저하되고 혈관이 막히고 피가 탁한 사람이 명상을 하거나 기공 수련을 하는 것과 아주 건강한 사람이 그러한 행위를 하는 것은 집중도와 기력에 상당한 차이를 보입니다.

혈액순환이 원활하게 이루어지지 않고 온 몸에 산소가 느리게 한 바퀴 돌아주는 것과 순환이 잘 되어 빠르게 두세 바퀴를 도는 것은 기의 생성이 있어서 큰 차이를 보이게 됩니다(회전수는 발전기의 용량(KW)의 차이로 나타남). 우리 몸의 수많은 모세혈관이 온 몸에 얽히고 섥힘의 교행에 의해서 우리 몸에 기력(자동차의 제너레이터 역할)이 발생함은 누구나 공감을 할 것입니다. 일상적으로 활동을 할 때와 잠을 잘 때 역시 몸의 패턴이 바뀜에 의해서 기력의 차이가 생기기도 합니다.

우리 몸은 잠시도 쉬지 않고 전기를 공급받아야 하는 장기가 있습니다. 심장이나 위장, 폐를 움직이는 횡격막 등 기타 작용을 위해서 필요한 장기에는 일정한 신호가 끊임없이 전달되어지고 있습니다. 간과 폐는 신경선이 거의 없기에 잠자는 장기라고도 합니다. 그러하기에 간암과 폐암은 문제가 생겼을 때 인지하지 못하고 말기에 가까운 상황들이 연출이 되는 것입니다.

자동차 배터리 수명이 다하면 차는 움직일 수가 없습니다. 역시 제너레이터가 고장이 나도 움직일 수가 없습니다. 사람도 혈액 순환이 되지 않으면 기력의 저하로 움직이기가 힘이 듭니다. 또한 배터리와 같은 충전의 역할이 없으면 활동하지 않을 때 적은 에너지로는 충분한 생명 활동을 유지하기가 힘이 듭니다. 그러한 이유로 자동차와 같은 배터리 역할이 필요하며 그 부분을 척수액으로 표현을 한 것입니다. 끊임없는 순환에 의한 기의 발생과 저장의 역할이 있어야만 우리 몸의 항상성을 유지하게 되는 근원이 되는 부분이 기(氣)라는 부분으로 정의가 되는 것입니다.

'기(氣)가 성해야 혈이 돈다.'와 '혈이 돌아야 기(氣)가 성하다.'는 닭이 먼저냐 계란이 먼저냐의 비유와 다르지 않을 수 있습니다. 하지만 원천의 바탕을 이해를 한다면 혈관이 막히지 않고서는 기운(氣運)이 떨어질 수가 없으며 혈액 순환이 원활하게 이루어져야만 신진대사의 항상성 유지를 하게 됩니다.

우주, 지구, 자연, 인체, 세포 등 모든 관계의 유지는 흐름에 있으며 멈추고 정체되면 모든 것이 암흑이 될 것입니다. 동물의 본능인 인체의 신비를 유지하는 가장 자연스러운 비결은 순환의 원리 속에서 찾는 것이 바람직하다고 생각을 합니다.

피를 맑게 하고, 혈관이 막히지 않게 하고, 정화능력을 위한 먹거리를 잘 적용하고, 동물의 본능인 일정 움직임을 유지하고, 모든 대상과 부딪히며 상호 진화하는 적응적 진화를 잘 유지 한다면 자가 면역체계를 유지하는 원천의 기운(氣運)이 자연 항체의 역할이 될 것입니다.

🔔 여름을 좋아하는 사람 vs. 겨울을 좋아하는 사람?

● **질문**

여름을 좋아하는 사람, 겨울을 좋아하는 사람을 어떻게 풀이를 할까요?

● **답변**

우리 몸은 체세포의 작용이 그대로 나타나게 되어있답니다. 체세포가 인체의 본체이기도 하고 우리가 하는 모든 행위는 체세포를 위해서라고 보시면 됩니다.

영과 육은 하나이면서 둘이고 둘이면서 하나이기 때문에 떼어내려고 해도 떼어낼 수 없는 관계입니다. 영이 육에 미치는 영향과 육이 영에 미치는 영향은 닭이 먼저냐 계란이 먼저냐 처럼 아주 미미한 차이도 아닐 수 있답니다.

여름에 나는 식물들은 더위에 견디기 위해서 음의 성분을 흡수하여 음양의 조절을 하고, 겨울에 나는 식물들도 추위에 견디기 위해서 양의 성분을 흡수하여 조절하는 기능은 오랜 세월 환경에 살아남기 위한 적응적 진화를 거치면서 가지게 된 습성일 것입니다. 동물이나 사람도 환경에 예민하게 작용하고 그 환경에 살아남는 법을 오랜 세월 터득해 온 바가 있기 때문에 춥고 더움에 대해서 살아남는 깨우침은 다 가지고 있을 것입니다. 그러한 행동의 바탕은 체세포가 가지고 있는 특성을 뇌에 전달하고 그 반응에 맞는 대처를 해오지 않았을까요?

　'여름을 좋아한다.'와 '여름을 싫어한다.'를 해석하면 답이 있을 것입니다. 좋아한다는 것은 더위를 이기는 내성이 좋거나 건강하다는 측면일 것이고, 싫어한다는 것은 더위를 이기는 내성이 약하거나 미병(微病)의 상태일 것입니다.

　몸이 냉한 사람은 온도차를 더 크게 느끼기 때문에 더 덥게 느껴질 것이고, 몸이 따뜻한 사람은 온도차를 적게 느끼기 때문에 덜 덥다고 느껴질 것입니다. 그러므로 여름을 좋아하는 사람은 건강한 사람이고 여름을 싫어하는 사람은 냉한 사람이 될 것입니다. 몸이 냉한 사람이 상대적으로 여름을 좀 더 덥게 느끼기 때문에 시원한 물이나 아이스크림을 더 찾게 되겠습니다.

　같은 방에서 가족들이 자는데 유독 땀을 많이 흘리는 사람이 있습니다. 같은 실내온도에서 더 덥게 느끼는 것은 혈액순환이 되지 않아 온도가 냉한 것이 다른 사람들보다 온도차이가 더 크기 때문에 상대적으로 더 덥게 느껴지는 것입니다.

　더위를 많이 타거나 찬 것을 많이 먹거나 같은 음식을 먹어도 유독 땀을 많이 흘리거나 이불을 걷어차는 등의 행위는 같은 온도에서도 상대적으로 온도의 차이를 더 많이 느끼기에 땀을 식혀서 온도를 내리기 위해서 그러한 행동이 나타나는 것입니다. 결과적으로 여름을 싫어하거나 겨울을 싫어하는 사람은 체온이 낮은 사람이고, 여름을 좋아하거나(싫어하지 않거나) 겨울을 좋아하는(싫어하지 않는) 사람은 대체적으로 싫어하는 사람보다는 건강하다고 볼 수 있습니다.

실내 온도가 38℃인 곳에 체온이 36℃인 A와 체온이 34℃인 B 두 사람이 있다고 가정해봅시다. 더위를 더 많이 느끼는 사람(B)은 온도의 차가 큰 사람이고 더위를 적게 느끼는 사람(A)은 온도의 차가 크지 않은 사람입니다. 더위를 많이 느끼는 사람(B)은 몸이 냉한 사람이고 더위를 적게 느끼는 사람(A)은 몸이 따뜻한 사람입니다. 결과적으로 A는 온도차를 적게 느끼기 때문에 덥게 느끼지 않고 편안해합니다. 반면에 B는 온도차가 더 크기에 더 덥게 느끼고 땀이 더 나고 싫어하게 되는 것이지요. A와 B중에 여름을 싫어하는 사람은 B에 가까운 사람이 되겠습니다.

● 참고사항

겨울을 좋아하는 사람은 상대적으로 온도가 낮은 사람일 것 같지만 몸이 따뜻해야 추위를 이길 수 있는 여력이 있기 때문에 이 또한 건강한 사람이 겨울을 즐기게 되는 것이지 온도가 낮은 사람은 상대적으로 겨울을 더 춥게 느끼기 때문에 겨울을 싫어하게 된답니다.

▷ ▶ ▶ ▶ ▶ 부록편
사혈의 이해편

"

심천사혈요법의 질병에 대한 답은
핏 길을 열어주는 것이다.

심천 박남희

🔔 부록1 사혈도

● 앞면

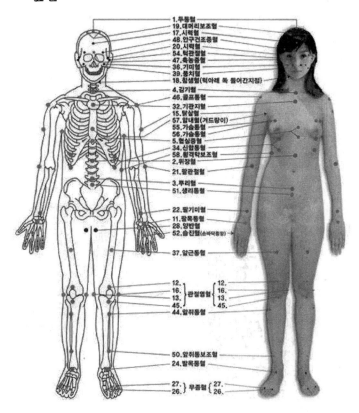

1.두통혈
19.대머리보조혈
17.시력혈
48.안구건조증혈
20.시력혈
54.턱관절혈
47.축농증혈
36.기미혈
39.몽치혈
18.침샘혈(턱아래 쏙 들어간지점)
4.감기혈
46.골프통혈
32.기관지혈
15.닭살혈
57.암내혈(겨드랑이)
55.가슴통혈
56.가슴통혈
5.협심증혈
34.신합통혈
58.횡격막보조혈
2.위장혈
21.왕관절혈
3.뿌리혈
51.생리혈
22.팔기미혈
11.팔목통혈
28.양반혈
52.습진혈(손바닥중앙)→
37.알근통혈

12.   12.
16.   16.
13. }관절염혈 13.
45.   45.
44.알쥐통혈

50.알쥐통보조혈
24.발목통혈

27. }무릎혈 { 27.
26.   26.

● 뒷면

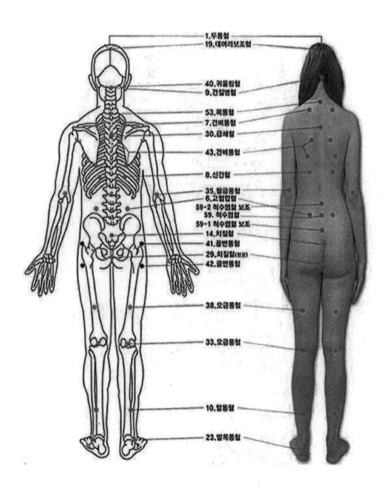

1.두통혈
19.대머리보조혈

40.귀울림혈
9.간질병혈

53.목통혈
7.견비통혈
30.감체혈

43.견비통혈

8.신간혈

35.팔금통혈
6.고압압혈
59-2 척수염혈 보조
59. 척수염혈
59-1 척수염혈 보조
14.치질혈
41.골반혈
29.치질혈(보강)
42.골반통혈

38.오금통혈

33.오금통혈

10.압통혈

23.발목통혈

● 측면

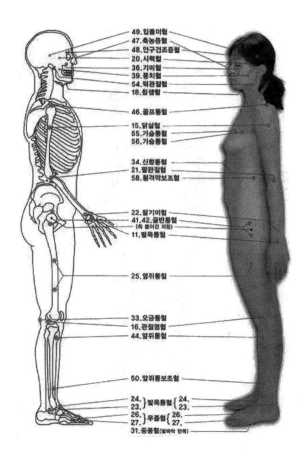

49.입둘이혈
47.축농증혈
48.안구건조증혈
20.시력혈
36.기미혈
39.풍치혈
54.턱관절혈
18.침샘혈

46.골프통혈

15.닭살혈
55.가슴통혈
56.가슴통혈

34.신향통혈
21.팔관절혈
58.횡격막보조혈

22.팔기미혈
41,42.골반통혈
(속 들어간 지점)
11.광욱통혈

25.엉치통혈

33.오금통혈
16.관절염혈
44.앞쥐통혈

50.앞쥐통보조혈

24.} 발욱통혈 { 24.
23.   23.
26.} 무좀혈 { 26.
27.   27.
31.중풍혈(발바닥 안쪽)

🔔 부록2 사혈점

1. 두통혈   17. 시력혈
19. 대머리 보조혈

1번 〈두통혈〉: 양쪽귀를 중심으로 일직선을 긋고, 코 끝에서 목 뒤뼈로 사선을 그어 교차하는 지점. 흔히 정수리라고 하는 곳. 머리 모양에 따라 부항기 컵의 압이 잘 걸리지 않을 수도 있으니 다소 앞으로 당겨 사혈을 해도 무방함. 이곳을 사혈해 주면 두통, 기억력 감퇴, 치매, 탈모증, 비듬 등이 치유가 됨. 뒷골이 무겁고 통증이 오거나, 상열이 되며 오는 통증은 6-1번 동시사혈. 몸 전체에 고열이 나며오는 두통은 죽염을 혀로 녹여 먹고 8-1번 동시 사혈한다.

※ 사고로 인해 뜻밖에 식물인간이 된 경우 곧바로 사혈을 하면 효능이 기대됨(6-1-9)

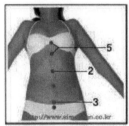

2. 위장혈   3. 뿌리혈
5. 협심증혈

2번 〈위장혈〉: 명치인 급소와 배꼽을 기점으로 한 중간지점. 사람마다 천차만별이지만 대체적으로 인내심을 요하는 사혈점이다. 원하는 만큼 어혈이 잘 나오지 않기 때문에 꾸준한 노력이 필요한 사혈점이다. 각종 위장병, 식욕부진, 위경련, 속 쓰림, 급체에는 2-30번을 사혈한다.

※ 심장마비 : 2-5번 사혈

3번 〈뿌리혈〉: 배꼽과 치조골을 기점으로 배꼽쪽에서 60% 아래 지점. 영양분은 흡수하는 곳이라 해서 뿌리혈이다. 설사, 변비, 얼굴의 기미가 벗겨진다. 검은 피부나 밤색 피부를 희게 하고 싶다면 2-3-6-8번 사혈한다. 몸 앞부분의 상하 혈행의 중심이 되는 혈자리로서 2번 혈과 마찬가지로 꾸준한 노력이 필요하다.

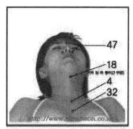

47. 축농증혈   18. 침샘혈
4. 감기혈   32. 기관지혈

4번 〈감기혈〉: 쇄골 교차지점 손가락으로 눌러 쏙 들어가는 지점. ※ 감기초기, 목이 쉬어서 소리가 나지 않을 때 사혈하면 소리가 나고, 4-18번을 동시에 사혈해 주면 잠잘 때 코고는 증세도 효능이 있음.
(4-18번 감기혈을 어혈이 없을 때까지 사혈을 해주면 웬만한 조건에는 아예 감기가 걸리지 않는다.)

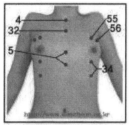

4. 감기혈   32. 기관지혈
5. 협심증혈   34. 신합통혈
55, 56. 가슴통혈

5번 〈협심증혈〉: 협심증혈을 두 곳이 있는데 위쪽은 유두와 유두를 연결한 선의 중간 지점에서 부항컵을 선의 아래쪽에 붙여 사혈한다. 아래쪽은 명치급소 삼각점 아래 안쪽 즉, 명치 끝 지점으로 아래위 어느 쪽에 어혈이 쌓여도 같은 상태가 오는데, 보통 위쪽이 80% 정도 비중을 차지한다. 손을 대 보아서 습기가 많거나 온도가 찬 곳으로 설정한다.
※ 협심증 상태로 숨이 차거나 가슴이 두근거리고 불안하며 초조할 때, 저혈압, 심근경색, 폐결핵, 심장에 통증이 올 때, 해소천식, 가래가 많을 때 5-32번 동시 사혈한다.

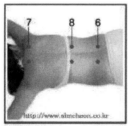

7. 견비통혈   8. 신간혈
6. 고혈압혈

6번 〈고혈압혈〉: 골반뼈 상단 1cm 위 지점, 척추 3번뼈(요추) 기준으로 양쪽 5cm 지점으로써 등 근육의 제일 높은 지점이다. 고혈압. 만성피로, 허리통증, 허벅지 당김, 하체빈약에 사혈한다. 몸의 뒤쪽을 운행하는 혈행의 중심이 된다.

7번 〈견비통혈〉: 견갑골 상단 안쪽 지점, 대추뼈 두 번째 아래, 척추뼈 중간을 기점으로 양쪽 5cm 지점.
※ 견비통 40-50견은 보통 7번을 사혈만 해도 치유가 되나, 7번을 사혈하고도 통증이 오면 43번 지점 중 압통이 오는 지점을 함께

사혈을 하면 되고, 목이 당기는 상태는 7-53
번을 사혈하면 된다.

8번 〈신간혈〉: 7번 혈과 6번 혈을 이은 선상
에 7번 혈에서 아래로 60%지점. 등 근육의
제일 높은 부위로 신장과 간 기능이 호전된
다해서 신간혈이다. 인체 구조상 어혈이 비
교적 잘 나오는 혈자리이며 생혈손실이 있을
수 있으니 주의를 요한다. 신장과 간기능이
떨어져서 오는 상태로는 몸이 붓는 상태, 비
만, 만성피로, 신부전증 초기, 혈액 속 요산
과다, 지방간, 간염, 몸에 푸른빛이 나는 상
태, 등이나 얼굴에 뾰루지나 각종 피부병, 백
선원반증 등. (신장과 간기능 저하의 상태는
중산해독제를 섭취하며 사혈을 하면 효능이
배가됨)

9번 〈간질병혈〉: 두개골과 목뼈가 만나는 지
점. 뇌쪽으로 들어가는 입구를 열어주는 혈
이다. 간질병, 근육신경마비, 목뒤가 당기는
상태, 목을 돌릴 때 소리가 나는 상태. 간질
병은 먼저 2-3번을 사혈하여 피가 잘 나온
다음 6-9-1번 사혈한다.

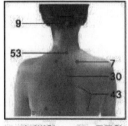

9. 간질병혈   53. 목통혈
30. 급체혈

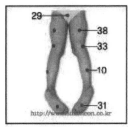

29. 치질혈(항문)
33, 38. 오금통혈
10. 알통혈   31. 중풍혈

10번 〈알통혈〉: 장 단지 근육이 끝나는 중간 지점으로 종아리와 아킬레이스건의 경계지점이다. 알통혈은 하체 혈행의 중심이 된다. 장 단지에 알이 배거나 당길 때, 쥐가 자주 날 때, 뒤꿈치에 굳은실이 많을 때, 발바닥이 메마를 때, 땀이 너무 많이 날 때, 종아리가 굵어 고민일 때.

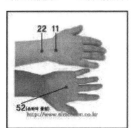

11. 팔목통혈 22. 팔기미혈
52. 습진혈(손바닥 중앙)

11번 〈팔목통혈〉: 팔목의 등 쪽에서 손목관절의 중간 쪽 들어간 지점으로 손을 아래/위로 움직여 찾으면 쉽다. 팔목이 아프거나 손목의 근육통 또는 손목 관절통의 경우 사혈한다.

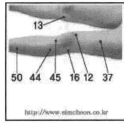

37. 앞근통혈 44. 앞쥐통혈
50. 앞쥐통보조혈
12. 13. 16. 45 관절염혈

12. 13번 〈관절염혈〉: 12번은 무릎골(종발뼈)정면 위쪽 5cm 위 지점이고 13번은 종발뼈를 중심으로 안쪽 근육의 제일 높은 부위이다. 관절염혈은 무릎퇴행성 관절염, 통풍, 무릎부위의 근육통에 사혈하고 관절염 초기에는 12-13번을 사혈하나 관절염이 악화된 상태에는 12-13-16-45번을 사혈한다.

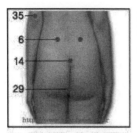

35. 팔굽통혈   6. 고혈압혈
14. 치질혈   29. 치질혈(항문)

14번 〈치질혈〉: 꼬리뼈 부분. 치질 치유 시는 6-14-29번을 요통 치유 시는 6-14번을 사혈한다.

46. 골프통혈   15. 닭살혈
21. 팔관절혈   22. 팔기미혈

15번 〈닭살혈〉: 46번 골프통혈에서 수직 아래로 손가락 다섯 개 정도 떨어진 지점으로 삼각근 꼭짓점의 위쪽에 해당한다. 손이 차거나 팔뚝에 나는 뾰루지, 닭살, 근육통 등에 효능이 있다.
※ 7-15-22번을 사혈하면 앞의 상태가 치유되며, 팔뚝에 검버섯이 없어지고 팔의 힘이 강해진다. 손바닥에 땀이 많이 나는 상태, 건조한 상태에도 효능이 있다.

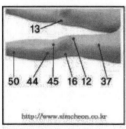

37. 앞근통혈   44. 앞쥐통혈
50. 앞쥐통보조혈
12. 13. 16. 45 관절염혈

16번 〈관절염혈〉: 종발뼈를 기준으로 바깥쪽으로 5cm 위 지점.
※ 12-13번 혈과 함께 사혈한다.

282

1. 두통혈　　17. 시력혈
19. 대머리 보조혈

17번 〈시력혈〉: 이마 중간, 머리가 시작되는 지점에서 1cm 위쪽.
- 시력을 호전시키기 위해서 이곳 만 사혈하지는 않는다. 1번 두통혈을 사혈한 다음 17-20번을 동시에 사혈. 시력감퇴, 눈물이 나는 상태, 눈곱이 많은 상태, 근시, 원시, 백내장 초기에도 효능이 있음.
- 안압으로 눈이 나빠지려 할 때는 6-20번, 두통을 동반하면 1번 추가 사혈.

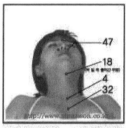

47. 축농증혈　　18. 침샘혈
4. 감기혈　　32. 기관지혈

18번 〈침샘혈〉: 턱밑, 쑥 들어가는 삼각 지점.
- 입안에 침이 마를 때, 감기 초기, 감기로 목이 쉬어 목소리가 나오지 않을 때(코를 심하게 골 때는 4-18번 동시 사혈을 해 주면 효능이 있음.
- 갑상선에는 순서에 맞게 2-3-6-8번을 완전히 사혈을 끝낸 다음 4-18번 동시 사혈.

1. 두통혈　　17. 시력혈
19. 대머리 보조혈

19번 〈대머리보조혈〉: 1번 두통혈 중심으로 양쪽 4cm 지점.
- 보통 보조혈만 따로 사혈을 하지는 않고, 1번 혈을 사혈해도 어혈이 나오지 않을 때 보조혈로 사혈한다. 탈모부위가 넓을 때 19-27-40번을 사혈한다.

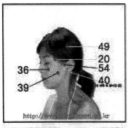

49. 입돌이혈   20. 시력혈
40. 귀울림혈   36. 기미혈
39. 풍치혈   54. 턱관절혈

20번 〈시력혈〉: 관자놀이 쏙 들어간 지점. 17번 혈자리 참고.

46. 골프통혈   15. 닭살혈
21. 팔관절혈   22. 팔기미혈

21번 〈팔관절혈〉: 팔꿈치를 90도 굽힌 상태 외측으로 팔꿈치의 외측팔을 굽혔을 때 생기는 주름의 끝 오목한 곳. 팔을 움직여 그 부위에 통증이 올 때, 팔꿈치 부위의 시큰거리는 상태에 사혈. 사혈할 때 팔을 구부리고 부항컵을 붙이면 잘 붙는다.

22번 〈팔기미혈〉: 일반적으로 시계를 착용하는 부위로서 팔등쪽 손목 주름에서 어깨쪽으로 손가락 2개 정도 떨어진 지점. 팔목의 기미, 검버섯, 붉게 상기되는 상태, 팔목에 힘이 없을 때 사혈한다. 손바닥 무좀, 습진은 22번과 52번을 동시 사혈한다.

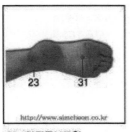

50. 앞쥐통보조혈
24. 발목통혈 26, 27. 무좀혈
23. 발목통혈 31. 중풍혈

23. 24번 〈발목통혈〉: 23번 혈은 바깥 쪽 복사뼈 끝과 발꿈치 힘줄 사이 오목하게 들어간 지점. 24번 혈은 발바닥을 90도로 세웠을 때 직각 부분의 움푹 들어간 지점이다. 발목통혈은 발목통증이나 발목을 접쳤을 때, 시큰거릴 때 사혈한다.

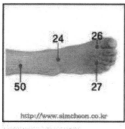

50. 앞쥐통보조혈
24. 발목통혈　26, 27, 무좀혈
23. 발목통혈　31. 중풍혈

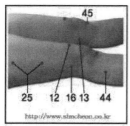

25. 옆쥐통혈　44. 앞쥐통혈
12, 13, 15, 45. 관절염혈

25번 〈옆쥐통혈〉: 대퇴부 바깥쪽으로 바지 재봉선상 골반뼈에서 종발뼈 사이 60%, 40% 내려간 지점 2곳이다. 그 부위에 쥐가 나거나 근육통, 가려움증에 사혈한다.

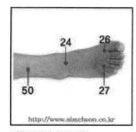

50. 앞쥐통보조혈
24. 발목통혈　26, 27, 무좀혈
23. 발목통혈　31. 중풍혈

26번. 27번 〈무좀혈〉: 26번 혈은 발등의 첫째 둘째 발가락 사이에서 발등 쪽으로 약 2cm 올라간 지점이고 27번 혈은 발등의 넷째 다섯째 발가락 사이의 지점이다. 무좀혈은 무좀이나 발톱무좀, 발가락 동상 등에 사혈한다.

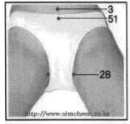

3. 뿌리혈   51. 생리통혈
28. 양반혈

28번 〈양반혈〉: 28번 혈은 사타구니 안쪽 움푹 들어간 지점. 양반다리를 할 때 그 부위에 통증이 와서 양반 다리를 못하거나. 근육이 굳어 양반다리가 안될 때 사혈한다.

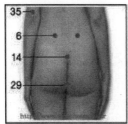

35. 팔굽통혈   6. 고혈압혈
14. 치질혈   29. 치질혈(항문)

29번 〈치질혈〉: 항문 괄약근. 치질 치유 시 29번만을 사혈해도 치유는 되나, 완벽한 치유를 위해서는 6-14-29번을 동시에 사혈한다.

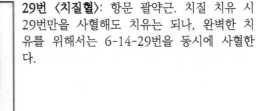

9. 간질병혈   53. 목통혈
30. 급체혈

30번 〈급체혈〉: 양쪽 견갑골의 중앙에서 5cm 하단 지점으로 손으로 눌러보았을 때 압통이 심히 느껴지는 지점으로 사혈한다. 몸 뒤에서 오장육부로 흘러 들어가는 혈관의 중심이 된다. 급체혈은 위장으로 들어가는 혈을 열어주는 혈이기 때문에 위장혈의 보조혈이라고 보면 된다.
급체나 위경련에는 30-2번.

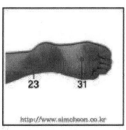

50. 앞쥐통보조혈
24. 발목통혈 26. 27. 무좀혈
23. 발목통혈 31. 중풍혈

31번 〈중풍혈〉: 첫째, 둘째 발가락을 접었을 때 발바닥의 움푹 들어간 자리이다. 고혈압 환자 중 중풍이 오기 전 이 자리를 사혈해서 통증이 심하면 중풍 예고편이다. 발바닥 통증이나, 발바닥 무좀 등.
대체적으로 어혈이 나오지 않는 자리이다.
※ 중풍혈 사혈 시 먼저 6-1번을 동시에 사혈해서 피가 잘 나온 다음 9-31번을 동시에 사혈할 것.

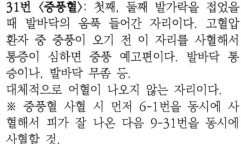

4. 감기혈   32. 기관지혈
5. 협심증혈 34. 신합통혈
55. 56. 가슴통혈

32번 〈기관지혈〉: 기관지 자리. 4번 감기혈에서 5cm 내려온 지점.
기관지 천식이나 가래, 폐결핵에 사혈한다.
기관지 천식에는 5-32번 동시 사혈한다.

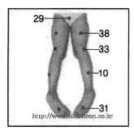

29. 치질혈(항문)
33. 38. 오금통혈
10. 알통혈   31. 중풍혈

33번 〈오금통혈〉: 오금자리. 즉 무릎의 정중앙 지점. 관절염이 깊어진 환자 중 해당 부위의 근육통, 어혈로 인하여 오금이 당기거나 통증이 올 경우 : 33-38번을 사혈한다. 한쪽 다리쪽만을 사혈할 경우 다리의 굵기가 달라질 수 있기 때문에 양쪽을 균형에 맞게 사혈한다.
※ 33번 혈(오금통혈)에 통증이 온다면 이미 신장기능이 떨어진 합병증으로 저혈압, 관절염 협심증 상태를 동반하는 경우가 대부분이다. 어혈의 생성에 관한 근본원인인 신장과 간 기능을 호전시키고 조혈에 필요한 조치를 하며 사혈을 하거나 2-3-6-8번 혈의 사혈을 마친 후 사혈을 하는 것이 안전하고 재발을 하지 않는 치유가 된다.

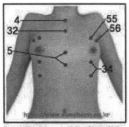

4. 감기혈　32. 기관지혈
5. 협심증혈　34. 신합통혈
55. 56. 가슴통혈

34번 〈신합통혈〉: 유두를 기점으로 아래 젖무덤이 시작하는 지점과 그 위치에서 수직으로 내려와 마지막 갈비뼈가 시작하는 지점. 신장기능이 떨어지면 합병증으로 해당 부위가 붓거나 누르면 통증이 올 때 사혈을 해주면 붓기도 빠지고 통증에 효능이 있다.

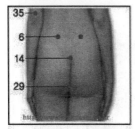

35. 팔굽통혈　6. 고혈압혈
14. 치질혈　29. 치질혈(항문)

35번 〈팔굽통혈〉: 팔꿈치 뒤쪽. 팔꿈치를 굽혔을 때 팔꿈치 끝에서 위로 약 2cm 오목하게 들어간 지점. 팔꿈치가 당기는 상태나 근육통에 사혈한다. 팔이 구부러지지 않거나 통증을 치유할 경우에는 7-35번 혈을 4회 정도 사혈.

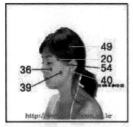

49. 입둘이혈　20. 시력혈
40. 귀울림혈　36. 기미혈
39. 풍치혈　54. 턱관절혈

36번 〈기미혈〉: 양쪽 광대뼈 지점.
- 알레르기성 비염, 뾰루지, 딸기피부, 기미에 효능. 찬바람 쏘이면 눈물이 날 때 효능이 있다.

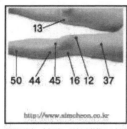

37. 앞근통혈 44. 앞쥐통혈
50. 앞쥐통보조혈
12. 13. 16. 45 관절염혈

37번 〈앞근통혈〉: 앞쪽 허벅지 중간 지점 즉 무릎뼈에서 위쪽으로 손가락 여덟 개 정도 떨어진 지점으로 해당 부위가 당기고 근육통증이 올 때 사혈한다.

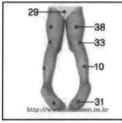

29. 치질혈(항문)
33. 38. 오금통혈
10. 알통혈   31. 중풍혈

38번 〈오금통혈〉: 뒤쪽 허벅지 중간 지점 즉, 엉덩이 주름에서 오금통혈(33번)과의 중간지점이다. 33번 혈자리 참고.

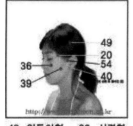

49. 입돌이혈   20. 시력혈
40. 귀울림혈   36. 기미혈
39. 풍치혈   54. 턱관절혈

39번 〈풍치혈〉: 아래턱과 위 턱이 만나는 꼭 지점. 입을 다물었을 때 광대뼈 아래쪽과 아래턱 사이에 생기는 오목한 지점이다. 치석을 제거했는데도 잇몸이 붓거나 염증이 있을 경우, 이가 시린 경우, 이가 솟는 경우, 입 냄새가 심할 때 사혈한다.

40번 〈귀울림혈〉: 귓볼 뒤쪽 쏙 들어가는 지점. 귀울림이나 중위염, 가는 귀 먹은 경우, 보통 귀울림은 피가 부족하거나 상압이 될 때 발생함. 임시 치유는 6-40번 사혈, 완벽한 치유를 위해서는 2-3-6-8번 사혈을 끝낸 다음 40번을 사혈해야 재발을 않음.

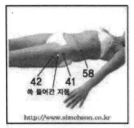

41, 42. 골반통혈
58. 횡격막보조혈

41. 42번 〈골반통혈〉: 대퇴부 위 쪽 들어간 지점을 기점으로 아래 위 5cm지점. 그 지점에 근육통이나 대퇴골골두무혈괴사증, 양반자세 시 통증, 골반이 너무 넓을 때 사혈한다.

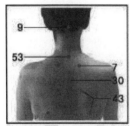

9. 간질병혈　**53. 목통혈**
30. 급체혈

43번 〈견비통혈〉: 견갑골 중간 지점과 하단 지점. 견비통에 사혈하되, 손으로 눌러서 압통이 있는 지점만 선별해서 사혈한다. 견비통(사오십견) 치유 시 7-43번.

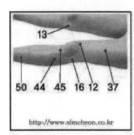

37. 앞근통혈 44. 앞쥐통혈
50. 앞쥐통보조혈
12. 13. 16. 45 관절염혈

44번 〈앞쥐통혈〉: 두 정강이뼈가 만나는 꼭 지점에서 아래로 쏙 들어가는 지점. 다리에 쥐가 나거나 저린 상태, 앞정강이 쪽에 붉은 반점, 가려움증, 건선 피부로 비늘이 일어나는 상태, 동상 등을 치유 할 경우.
※ 당뇨로 인한 괴사를 치유 할 경우 : 44-26-27번 혈을 사혈

45번 〈관절염혈〉: 종발뼈 아래 지점.
※ 관절염 초기 증상은 12-13번만을 사혈해도 치유가 되지만, 상태가 악화된 상태라면 16-45번 혈을 사혈해 준다. 무릎의 통증, 찬 바람 나는 상태, 뚜걱거리는 소리가 나는 상태.(루마티스 관절염을 2-3-6-8번을 사혈한 다음 해야 체력이 달리지 않고 재발을 않음,

허벅지가 굵어 고민일 때 사혈하면 가늘어짐)

46. 골프통혈   15. 닭살혈
21. 팔관절혈   22. 팔기미혈

46번 〈골프통혈〉 : 팔꿈치를 어깨와 수평이 되게 들었을 때 어깨에 생기는 오목한 지점이다. 골프를 많이 치는 사람 중에 통증이 오는 경우가 많아서 골프통혈이라고 칭한다. 골프통이나, 각종 근육통, 중풍 후에 관절 탈골 시 사혈한다. 7-15-22번을 사혈하면 앞의 상태가 치유되며, 팔뚝에 검버섯이 없어지고 팔의 힘이 강해진다. 손바닥에 땀이 많이 나는 상태, 건조한 상태에도 효능이 있다.

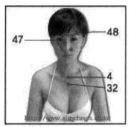

47. 축농증혈
48. 안구건조증혈
4. 감기혈   32. 기관지혈

47번 〈축농증혈〉: 눈썹 사이 한 곳과 콧방울 옆 두 곳이다. 축농증, 콧물이 심하게 나올 때, 알레르기성 콧물, 기침, 비염 등. 비염이나 축농증이 중증일 경우 : 8-47번 혈을 사혈한다.
※ 꽃가루 알레르기, 알레르기성 비염은 대부분 신장 기능이 떨어진 연쇄적 합병증이다.

48번 〈안구건조증혈〉: 눈썹을 3등분 했을 때, 눈썹 바깥에서 약 1/3 안쪽지점. 안구건조증, 각종 눈병으로 인한 안구 충혈, 눈물이 나오지 않아서 눈이 뻑뻑할 때, 유행성 결막염이나 각종 눈병으로 안구 충혈이 심할 때 : 20-48번 혈을 사혈

49. 입돌이혈   20. 시력혈
40. 귀울림혈   36. 기미혈
39. 풍치혈   54. 턱관절혈

49번 〈입돌이혈〉: 귓바퀴 꼭대기의 바로 위쪽으로 약 3cm 지점. 구안와사가 와서 입이 제자리로 돌아오지 않을 때 사혈하며, 와사풍으로 입이 돌아간 경우 39번 풍치혈을 사혈하고도 입이 돌아오지 않을 경우에 20번 혈을 추가적으로 사혈.

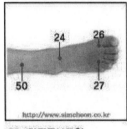

50. 앞쥐통보조혈
24. 발목통혈 26, 27. 무좀혈
23. 발목통혈   31. 중풍혈

50번 〈앞쥐통보조혈〉: 24번과 무릎뼈 아래 지점을 이은 선상에서 발목 쪽으로 1/3지점. 44번 혈을 사혈하고도 다리에 계속 쥐가 날 때 추가로 사혈한다. 당뇨 합병증으로 발가락이 썩어갈 때 24번 발목통혈을 사혈 후 뚜렷한 치유 효능이 없을 때 추가 사혈한다.

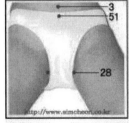

3. 뿌리혈   51. 생리통혈
28. 양반혈

51번 〈생리통혈〉: 치골의 상단 중간 지점. 장은 정상이고 생리통, 냉, 생리불순, 불임, 난소 물혹, 자연 유산, 어혈에 의한 발기 부전일 때 2-51-6-8번을 사혈한다.

52번 〈습진혈〉: 손을 오므렸을 때 손바닥에 들어간 지점. 습진, 저릴 때, 각질, 홍조, 손톱 갈라짐에 사혈한다.

※ 7-22-52번을 사혈하면 효과가 더욱 좋다.

11. 팔목통혈   22. 팔기미혈
52. 습진혈(손바닥 중앙)

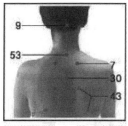

53번 〈목통혈〉: 고개를 숙여 가장 튀어나온 목뼈(제7경추) 바로 아래 움푹 들어간 지점. 자고 일어났을 때 목 경직이나 목 디스크 현상이 있을 경우, 목 삔 현상이 있을 경우, 목을 돌릴 때 소리가 나는 경우, 교통사고 후 목 후유증이 있을 경우 : 7-53번 혈을 사혈.

9. 간질병혈   53. 목통혈
30. 급체혈

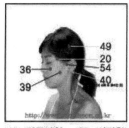

54번 〈턱관절혈〉: 입을 벌렸을 때 이주 앞쪽 들어간 지점. 턱이 잘 빠지는 경우, 뚜걱거리는 소리가 나는 경우.

49. 입돌이혈   20. 시력혈
40. 귀울림혈   36. 기미혈
39. 풍치혈   54. 턱관절혈

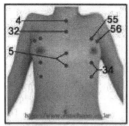

4. 감기혈   32. 기관지혈
5. 협심증혈   34. 신합통혈
55, 56. 가슴통혈

55. 56번 〈가슴통혈〉: 55번 혈은 유두를 기점으로 신합통혈 위 지점(젖무덤이 시작되는 지점)으로 가슴이 처졌을 경우, 혹(유방암)이 있을 경우에 사혈하고 56번 혈은 겨드랑이와 유두를 기점으로 사선을 긋고 위에서 40% 내려온 지점으로 혹, 유방암, 임파선암들이 발생한 경우(혹이 생긴 지점에서 바로 위쪽 부분 사혈)에 사혈한다.

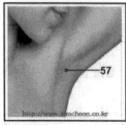

57. 암내혈

57번 〈암내혈〉: 겨드랑이 중앙. 암내가 있는 경우, 겨드랑이 부위가 검거나 땀이 많이 나는 경우에 사혈한다.
※ 신장과 간기능이 떨어지면 혈액이 탁해지고, 피의 유속이 느려지면 혈액속의 불완전 연소 물질이 기화하면서 땀과 함께 섞여서 나오는 것이 암내이다.

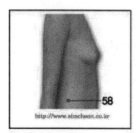

58. 횡격막보조혈

58번 〈횡격막보조혈〉: 신합통혈(하단)에서 수평으로 바깥쪽으로 재봉선과 교차하는 지점. 호흡곤란, 대상포진, 골프 친 후 옆구리 결림, 비장 간접 혈자리로 사혈한다.

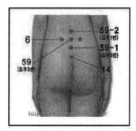

6. 고혈압혈   14. 치질혈
59. 척수염혈   59-1. 척수염혈
59-2. 척수염혈

59번 〈척수염혈〉: 6번 고혈압혈 정중앙자리
※ 경직성 척수염, 자궁암, 전립선암, 전립선 비대-항암 치유 받지 않은 상태에서 진액+강산해독제를 섭취하면서 사혈하는 혈자리이다. 사혈순서는 6번 고혈압혈 사혈 후 요통이 없을 경우 59번 3곳을 같이 사혈하면 효과적이다.

59-1번 〈척수염 보조혈〉: 척수염 혈자리 아랫부분
※ 경직성 척수염, 자궁암, 전립선암, 전립선 비대-항암 치유 받지 않은 상태에서 "영양분· 철분·염분" 보사균형을 맞추면서 사혈하는 혈자리이다. 사혈순서는 6번 고혈압혈 사혈 후 요통이 없을 경우 59번 3곳을 같이 사혈하면 효과적이다.

59-2번 〈척수염 보조혈〉: 척수염 혈자리 윗부분
※ 경직성 척수염, 자궁암, 전립선암, 전립선 비대-항암 치유 받지 않은 상태에서 진액+강산해독제를 섭취하면서 사혈하는 혈자리이다. 사혈순서는 6번 고혈압혈 사혈 후 요통이 없을 경우 59번 3곳을 같이 사혈하면 효과적이다.

주

1) 박남희(심천), "심천의학의 기본시각", 중국 산동성 허저 한중 제2회 심천사혈요법 학술교류회, pp. 79-80, 2012. 3. 10

2) 박남희(심천), "심천의학의 기본시각", 중국 산동성 허저 한중 제2회 심천사혈요법 학술교류회, pp. 80-61, 2012.3.10

3) 박남희(심천), "심천의학의 기본시각", 중국 산동성 허저 한중 제2회 심천사혈요법 학술교류회, pp. 57-58, 2012. 3. 10

4) 박남희(심천), "심천의학의 기본시각", 중국 산동성 허저 한중 제2회 심천사혈요법 학술교류회, pp. 58-59, 2012. 3. 10

5) 심천 박남희, "심천사혈요법1권" 참조, 심천출판사

6) 박남희(심천), "심천의학의 기본시각", 중국 산동성 허저 한중 제2회 심천사혈요법 학술교류회, pp. 81-82, 2012. 3. 10

7) 박남희(심천), "심천의학의 기본시각", 중국 산동성 허저 한중 제2회 심천사혈요법 학술교류회, pp. 60-61, 2012. 3. 10

8) 박남희(심천), "심천의학의 기본시각", 중국 산동성 허저 한중 제2회 심천사혈요법 학술교류회, pp. 61-62, 2012.3.10

9) 박남희(심천), "심천의학의 기본시각", 중국 산동성 허저 한중 제2회 심천사혈요법 학술교류회, pp. 78-79, 2012. 3. 10

10) 박남희(심천), "심천의학의 기본시각", 중국 산동성 허저 한중 제2회 심천사혈요법 학술교류회, pp. 81-82, 2012. 3. 10

296